잘 먹고 잘 싸운다,
캡틴 허니 번

안전가옥 쇼-트 06

김여울 경장편

프롤로그

주위를 감싸며 타오르는 화마가 집 안의 모든 것을 삼키고 있었다. 불칸은 그 불보다 더 타오르는 분노를 눈에 담으며 자신의 앞에 있는 이를 노려보았다. 불칸의 한쪽 팔은 부러진 듯 추욱 늘어져 있었다.

"내 딸은 어디에 있지?"

"아이는 나와 함께 갈 거야."

"정말 죽고 싶은가 보군. 넌 날 이길 수 없어."

"이길 순 없어도 널 끌어내릴 순 있겠지."

"감히!"

그 말에 불칸은 이를 아득 갈고 아직 부러지지 않은 팔에 불을 휘감아 상대방에게 날렸다. 그 불을 가까스로 막은 상대방은 아래쪽에서 날아오는 발차기를 정면으로 맞으며 벽을 향해 날아갔다.

"으윽!"

불칸이 쓰러진 상대를 향해 천천히 다가갔다. 상대방이 거친 숨을 내쉬며 힘겹게 일어났다. 격한 싸

프롤로그

움으로 엉망이 된 거실처럼 둘의 상태도 정상이 아니었다. 지칠 대로 지친 둘 가운데 불칸이 먼저 입을 열었다.

"그래, 대화로 해결해 보자. 왜 갑자기 공격을 한 거지? 응?"

달래는 듯한 목소리였다. 상대방은 그 목소리에 멈칫하며 불칸을 바라봤다. 불칸이 부러진 팔을 뒤로 숨겨 화염구를 만들어 내는 걸 눈치채지 못한 듯했다.

"그건…"

상대방이 입을 연 그때였다. 거실 한쪽 벽면이 열리더니 어린 여자아이가 울면서 기어 나왔다. 아이의 위에서 부서진 샹들리에가 불안하게 흔들리고 있었다.

"흐아아앙! 무서워! 엄마 어딨어!"

아슬아슬하게 달려 있던 샹들리에가 아이를 향해 떨어졌다. 절박한 비명 소리와 함께 누군가가 소리쳤다.

"지영아! 피해!"

그날, 전국에 이런 뉴스가 흘러나왔다.

[오늘 오전 11시경, 히어로 랭킹 1위인 '캡틴 불칸'의 자택에 빌런이 침입한 사건이 일어났습니다. 안타깝게도 캡틴 불칸이 출동했을 때는 자택 안에 있던 그의 아내가 목숨을 잃은 상태였다고 하는데요. 불행 중 다행으로 아내가 숨겨 놓았던

캡틴 불칸의 어린 딸은 구출할 수 있었다고 합니다. 캡틴 불칸은 침입한 빌런을 체포한 후, 히어로 협회에 넘기지 않고 그 자리에서 즉결 처분을 했다고 밝혔습니다. 많은 사람들이 그런 그의 태도에 공감하고 있으며 인터넷에서는 딸을 숨기고 희생한 아내의 죽음을 애도하는 물결이 일고 있습니다. 한편에서는 협회의 랭킹 1위 히어로일 뿐만 아니라 협회의 회장이기도 한 캡틴 불칸이 빌런 처분과 관련한 절차를 지키지 않은 것은 문제라는 우려의 말도 나오고 있습니다.]

프롤로그

1.
(두둥) 잘 먹고 잘 싸운다

# #

"으아아아악! 쫓아오지 마, 이 괴물! 쫓아오지 말라고!"

"너 지금 나한테 괴물이라고 했냐? 괴물은 너잖아!"

말 그대로다. 공룡으로 변하는 초능력을 가진 빌런 놈은 티라노사우루스로 변한 채 전속력으로 도망가고 있었다.

쾅쾅!

놈이 달릴 때마다 나무들이 쿵쿵거리며 부러지고 있었다. 덕분에 쫓아가기는 더 수월했지만, 나무가 아까웠다.

"와 씨, 너 요즘 나무가 얼마나 귀한 줄 알아? 자연 파괴 그만하고 그냥 순순히 잡혀!"

"망할 허니 번! 난 세계적으로 손꼽히는 희귀 초능력을 가진 남자라고! 너 따위한테 잡힐 사람이 아니야!"

(두둥) 잘 먹고 잘 싸운다

"티라노로 변하고도 나한테 졌으면서 그런 말 하고 싶, 크헉!"

그 순간 내 얼굴에 가해지는 정체불명의 액체 공격을 정통으로 맞고 말았다. 으으, 이 녀석한테 물 능력도 있었나?! 눈으로 들어간 액체를 닦는데 입 안에서 짠맛이 확 맴돌았다.

"에퉤퉤! 짜?! 뭐야, 이거 설마 눈물이야? 너 우냐?!"
"크허허허헝! 아우우우우우! 살려 줘!"

울부짖든가, 도망가든가 하나만 하라고! 쿵쿵쿵 온 산을 울리며 달리는 녀석을 더 이상 내버려 둘 수 없다고 생각한 난 다리에 힘을 줘 전속력으로 달리기 시작했다. 내가 힘을 주자 땅에 미세한 균열이 생겨났다. 최대한 빠르게 끝내야 피해가 줄어든다. 마침 눈앞에 거대한 암벽이 보였다. 암벽에 가로막힐 것 같았는지 녀석은 방향을 바꾸려는 듯 고개를 옆으로 돌렸다. 난 그때를 놓치지 않고 녀석의 꼬리를 잡았다.

"크아아아! 이거 놔!"

놈이 내 무게를 느끼자마자 꼬리를 마구 흔드는 통에 내 몸도 롤러코스터를 탄 것마냥 허공에서 흔들렸다.

"아오. 반응은 빨라 가지고! 얌전히 있어, 이 자식아!"

녀석은 꼬리에 날 매단 채 거대한 암벽 옆을 달렸

다. 위아래로 흔들리던 꼬리는 이내 좌우로 흔들리기 시작했다.

"죽어! 죽어라 허니 번!"

"윽! 야, 바위에 부딪힌다!"

"그러라고 하는 거야!"

오, 그래? 네 꼬리 걱정해 준 건데 그렇게 부딪히고 싶었어?

"그럼 꼬리 말고 온몸이 부딪히는 건 어때?!"

난 암벽에 가까워질 때를 놓치지 않고 발에 힘을 줘 벽에 내 두 발을 박아 넣었다. 그렇게 지지대가 생기자마자 녀석의 꼬리를 옆으로 휘둘러 벽에 집어 던졌다.

콰앙!

"크아아아앙악!"

거대한 먼지 연기가 휘날리며 내 시야를 가렸다. 난 먼지를 피해 잠시 눈을 감았다가 이내 밑을 바라봤다. 땅에 한 남자가 알몸으로 쓰러져 있었다. 암벽에는 거대한 티라노 모양의 자국이 움푹 패여 있었다.

"부딪힌 소감은 어때?"

바위에 박힌 발을 빼내 바닥으로 착지했다. 빌런에게 가까이 다가가자 놈은 신음을 내며 나를 노려봤다.

"허, 허니 번. 두고 봐라. 반드시 복수할 테다."

(두둥) 잘 먹고 잘 싸운다

"허니 번? 이게 아까부터 계속 그러네? 앞에 '캡틴' 붙이지 못해?!"

"켁!"

쓰러진 놈의 등에 발차기를 날렸다. 히어로들은 랭킹 1위가 되면 '캡틴' 칭호를 받게 되는데, 현재 히어로 랭킹 1위는 나다. 그러니까 내 히어로 네임은 그냥 허니 번이 아니라 '캡틴 허니 번'이다. 스물네 살인 나를 어린 여자라는 이유로 무시하는 놈들이 종종 캡틴 칭호를 생략하는데, 내 취미는 그런 녀석들의 인생을 생략시키는 거다.

"자기 부하들 버리고 도망가는 놈은 더 잘근잘근 생략시키거든! 알겠어?!"

놈의 등과 엉덩이에 내 발자국이 촘촘히 수놓여질 때쯤 발을 뗐다. 놈은 이미 기절한 상태였다. 이 녀석이 보스라고 했지. 확실히 공룡으로 변하는 능력은 엄청나게 막강한 능력이지만, 내 상대가 되지는 못했다. 덕분에 하나 알았네. 내 힘이 티라노사우루스를 훌쩍 뛰어넘는다는 것 말이야.

내 상징인 노란색 코스튬에 묻은 먼지를 탈탈 털어 내며 뒤처리를 도와주는 히어로 협회 소속 일원들에게 무전 연락을 했다.

"캡틴 허니 번이다. 도주했던 불법 도박장 보스까지 처리 완료했다. 위치는 산꼭대기 암벽 지대. 무전기 놔두고 갈 테니 자세한 위치는 알아서 추적하도록."

으으, 혼자는 역시 피곤하다. 내가 히어로로 데뷔

를 했을 때부터, 아니 그 전부터 히어로 협회는 심각한 인력난에 시달리고 있었고, 덕분에 난 오랫동안 오늘처럼 홀로 임무를 수행해야 했다. 뭐, 나도 팀으로 활동하는 걸 별로 좋아하지 않으니까 그 점은 상관없다. 다만 빌런들이 점점 늘어나고 있는 추세다. 이 상황에 인력난이 계속되면 여러모로 좋지 않을 텐데.

오늘 소탕한 불법 도박장은 이 암벽 지대에서 멀지 않은 곳에 있으니 곧 사람들이 올 거다. 좋아, 할 일 다 마친 난 이만 퇴근해 볼까. 터덜터덜 산 아래로 내려오니, 아래는 여러 명의 사람들과 자동차들이 섞여서 정신없는 상황이었다.

"지영 씨! 아, 여긴 현장이니까 캡틴 허니 번이라고 불러야 할까요?"

"아니에요. 방금 빌런들 다 체포한걸요, 뭘. 이름으로 불러도 상관없어요. 그런데 태현 씨가 여기는 어쩐 일이세요?"

"이번에도 지영 씨 혼자 임무 수행에 성공한 건가요?! 정말 대단하네요!"

"하하, 별거 아니에요!"

곱슬머리에 키 작은 남자, 태현 씨가 안경을 올리며 축하한다고 방긋 웃었다. 그의 뒤에서 같이 웃고 있는 무리는 협회 연구소의 능력 강화 팀에서 일하고 있는 연구원들이다. 이들은 연구소에서 바로 왔는지 흰색 가운도 벗지 않은 채 환하게 웃으며 나를 맞이해 줬다.

(두둥) 잘 먹고 잘 싸운다

웬만하면 연구소에서 잘 안 나오는 사람들인데 무슨 일이지? 내 임무 성공을 축하해 주려고 온 건가? 하긴, 최근 능력 강화를 위해 연구소에 뻔질나게 드나들어서 꽤 사이가 좋아지긴 했다.

"아, 지영 씨! 이거 받으세요. 이것도 쓰시고요!"

축하한다며 박수를 쳐 준 이들은 자연스럽게 내 머리에 고깔모자를 씌우고 케이크까지 넘겨주었다. 어라, 뭐죠? 이거 뭐죠? 물어볼 틈도 없이 연구원들이 나에게 바짝 붙었다. 태현 씨는 어디서 준비했는지 카메라를 들고 앞으로 가 있었다. 맨 뒤에 있던 키 큰 연구원 두명은 들고 있던 플래카드를 펼쳤다.

[축! 캡틴 허니 번, 안전하게 100kg 돌파! 하!]

"뭐, 뭐예요 이게?!"
"어쩔 수 없어요, 지영 씨. 겨우겨우 몸무게 100kg을 돌파했으니까 보고서를 작성하고 사진을 찍어야 하는데, 지영 씨가 자꾸 도망가잖아요."
"아니, 아무리 그래도 여기서 이러는 건!"
"자, 지영 씨. 웃어요!"

도망치려고 했는데 이 귀신 같은 연구원 놈들이 낌새를 눈치쳤는지 자신의 팔을 길게 늘여 내 팔을 휘감았다. 젠장, 연구원 놈들도 전부 초능력자라는 걸 잊고 있었네. 같은 편을 공격하면 안 된다는 아버지의 가르침 때문에 힘으로 탈출하기도 껄끄럽다. 이래서 아예 잡히지 않게 도망 다녔던 건데!

"하나, 둘,"

당장이라도 도망갈까? 아니야, 그러다가 연구원들이 다치면 어떻게 해. 하지만 그래도! 아니야 안 돼!

이런 내 고뇌를 아는지 모르는지 연구원들은 내 팔을 붙잡은 손에 더욱 힘을 줬다.

"셋!"

"앗!"

찰칵!

모두가 환하게 웃고 있을 사진 속. 타이밍을 놓친 나 혼자만 인상을 잔뜩 찡그리고 있을 게 눈에 훤하다.

#

히어로 캡틴 허니 번(24)의 몸무게가 100kg을 돌파한 것으로 밝혀졌다.

지난 29일, 캡틴 허니 번이 속해 있는 '히어로 협회' 측은 그녀의 몸무게가 4개월 만에 10kg 증가해 100kg을 돌파했으며 건강에는 이상이 없다는 보고서와 함께 사진 한 장을 홈페이지에 게재했다.

(사진에는 히어로 협회 연구원들과 캡틴 허니 번이 찍혀 있다.)

그녀의 초능력이 '체중이 증가할수록 신체 능력이 비약적으로 상승'하는 능력인 만큼, 그녀의 몸무게에 관한 누리꾼들의 반응이 뜨겁다.

한편 캡틴 허니 번은 4년 전 히어로로 데뷔했으며, 활약에 따른 점수를 합산해 협회에서 발표하는 공식 히

(두둥) 잘 먹고 잘 싸운다

"우리 지영이 몸무게 하나로 검색어 1위까지 올랐네? 좋겠다. 나는 밀입국자 체포 때나 겨우 올라갔는데."

"사진 꼴 봐라. 여자애가 좀 웃지, 이게 뭐냐?"

"시끄러워!"

협회 건물 깊숙한 곳에 있는 회의실. 자기들끼리 모여 앉아 나를 놀려 대는 놈들을 보니 짜증이 치솟았다. 언제나 그랬던 것처럼 이번에도 정상적인 회의는 무리겠구나.

믿기지 않겠지만 깐족거리며 웃는 저 세 명은 공식 랭킹 2위에서 4위까지의 최상위권 히어로들이다. 놈들에게 그만하라고 소리쳤지만 이들은 내 말을 무참히 씹으며 인터넷 뉴스들을 하나하나 읽어 주는 정성을 보여 줬다. 정말 친절하기도 하지. 감동받은 내 주먹이 부들부들 떨렸다.

"야! 임무 수행 보고를 하러 왔으면 할 일이나 해. 가만히 있는 사람 건들지 말고!"

"지영아, 하늘 같은 오라버니들에게 야라니, 예의는 밥 말아 먹었냐?"

"와, 형. 요즘은 예의도 밥 말아 먹을 수 있어요? 어쩐지 남지영 덩치가 점점 커지더라~"

"큰일 났네. 싸가지 없고, 예쁘지도 않고, 대학도 못 가고, 뚱뚱하기까지! 너처럼 최악만 모으기도 힘들겠는데? 그것도 능력이다."

… 하아, 이래서 난 이 시간이 정말 싫다.

히어로 랭킹 최상위권인 1위에서 4위까지의 히어로들은 공식적으로 한 달에 한 번 자신들의 임무 수행 성공을 보고하는 회의 시간을 가진다. 하지만 지금 이 꼴을 봐. 회의는 무슨? 저놈들은 내가 랭킹 1위를 차지했을 때부터 아니, 그 전부터 나를 못 잡아먹어 안달이었다.

"김소희도 검색어에 올랐네?"

낄낄거리던 금발의 남자가 입을 열었다. 이름은 이현수. 히어로 네임은 프로즌 크리스탈로 얼음 능력을 가지고 있다. 현재 랭킹 2위이며 번지르르한 얼굴과 희귀하고 화려한 초능력으로 대중에게 인기가 많은데, 그러면 뭐 해. 저놈이 가장 짜증 나는 놈이다. 그나마 3, 4위는 내가 처음 데뷔했을 때부터 꾸준하게 나를 싫어했지만, 저놈은 처음에는 친절하게 대해 주더니 내가 자기를 밀치고 랭킹 1위를 차지하자 노발대발 화를 내면서 나를 괴롭히기 시작했다.

생각하니까 또 열 받네. 난 능력이 발현된 아주 어린 시절부터 아버지에게 특별 훈련을 받으며 히어로를 준비한 몸이었다. 능력 숙련도 1위, 능력 활용도 1위, 임무 성공률 100%. 이런 내가 1위를 하지 않으면 누가 1위를 하겠어?

"엥? 김소희요? 아, 남지영 때문에 같이 검색됐구나! 김소희가 남지영 라이벌이지?!"

"어디 보자. 히어로 캡틴 허니 번 vs 김소희. 여자

(두둥) 잘 먹고 잘 싸운다

히어로들의 몸매 대결? 푸흡! 기자 놈들 존나 너무하네!"

"몸매? 남지영이 김소희랑?! 크크큭 아, 씨발 배 아파! 내가 들은 말 중 제일 가는 조크였다!"

망할 놈들. 회의 진행을 맡은 간부는 언제 돌아오더라. 불쌍한 이 간부는 무례하고 제멋대로인 저 세 명을 통제하다가 스트레스성 위염으로 쓰러져 어제 응급실로 실려 갔다. 덕분에 내가 진행을 맡게 됐지만 제대로 돌아갈 리가 없지. 하아, 솔직히 난 최상위권 히어로들을 완벽히 통제하는 사람은 우리 아버지 외에는 본 적이 없다.

여기서 아버지에 대한 자랑을 잠깐 하자면 우리 아버지는 내가 세상에서 제일 존경하는 히어로이자, 전대 랭킹 1위 히어로였고, 대한민국에서 가장 강한 히어로 중 한 명인 캡틴 불칸이시다. 강력한 화염 능력으로 흉포한 빌런들을 제압하고 히어로 협회를 직접 세운 초창기 히어로인 아버지의 말은 아무리 오만한 최상위권 히어로라도 꼬리를 흔들며 따랐다.

아버지가 진행을 맡으시면 참 좋을 텐데, 아쉽게도 그는 히어로 세계에서 은퇴했음에도 너무 바쁜 사람이었다. 아쉬움에 한숨을 푹 쉬는데 불쑥, 이현수가 내 눈앞에 핸드폰을 들이밀었다.

"지영아, 이것 좀 봐. 대단하지 않냐? 김소희 허벅지가 네 팔뚝만 하다? 이번에 내가 김소희랑 협회 광고 촬영하거든? 내가 직접 보고 너랑 얼마나 차이 나는지 정확히 알려 줄게."

"와, 현수 형! 진짜 김소희랑 찍는 거예요? 개 부럽다!"

"내가 거기 소속사 사장이랑 안면이 좀 있어. 그년이 이상하게 나한테 친한 척을 하더라고. 잘생긴 건 알아 가지고~"

이현수의 핸드폰에는 나랑 김소희를 비교한 사진이 띄워져 있었다.

이현수의 말이 맞다. 내 팔뚝은 김소희의 허벅지만 했고, 내 얼굴은 김소희보다 두 배 정도 면적이 넓었다. 하지만 이게 당연한 거 아니야? 김소희는 얼굴 예쁜 거랑 날씬한 거로 방송 활동을 많이 해서 인기를 얻은 히어로고 난 정석으로 히어로 활동을 해서 랭킹 1위가 된 히어로였다. 사람들은 가끔 그녀와 내가 같은 성별에 같은 히어로라는 이유로 우리 둘을 라이벌로 묶고는 하는데, 우리 둘을 동일한 잣대로 비교하는 건 어불성설이었다.

"하아, 치워. 이렇게 잡담이나 할 거면 그냥 회의 파하자."

그래, 이놈들이랑 무슨 회의를 하겠어. 시간 낭비하기 싫어서 임무 성과를 적은 보고서를 대충 정리하는데 이현수가 입을 열었다.

"지영아, 넌 왜 다이어트 안 해? 응? 넌 위기감도 없어? 네 뱃살 좀 봐. 그게 여자 배야? 나였으면 절대 밖에 못 나가. 그렇게 생각하면 넌 진짜 대단하다! 다른 사람 생각도 안 하고 그런 몸으로

(두둥) 잘 먹고 잘 싸운다

돌아다니는 거 보면~"

"그러게. 남지영, 너한테 한 톨의 양심이라도 남아 있다면 제발 우리 눈을 생각해 주라! 뚱뚱한 건 네 죄인데 왜 우리가 이렇게 고통받아야 하냐?!"

"다시 생각해도 놀랍네~ 100kg이라니, 아니 대체 뭘 먹어야 그렇게까지 찌는 거야? 비결 좀 알아 가자~ 나도 너처럼 간식만 존나 먹고 하루 종일 누워서 뒹굴면 되는 거야? 어? 말해 봐!"

와, 내가 이런 말까지 참아야 해? 그래, 참아야 해. 저 자식들은 빌런이 아니고 히어로니까. 없는 인력 중에서 그나마 낫다는 놈들인데 상처 입히면 안 돼. 참자, 남지영. 이래서 몸무게 공개가 너무 싫었다. 내가 협회 랭킹 1위이고 히어로의 얼굴이니까 사람들의 불안을 잠재우기 위해 몸무게 공개를 하는 건 알겠는데.

아니 사실 잘 모르겠다. 그냥 내가 빌런들이 우르르 몰려들어도 다 체포할 수 있을 정도로 강하다는 것만 알면 되는 거 아닐까? 왜 남의 몸무게로 기사를 쓰는 거야? 왜 검색어 1위까지 오르게 하는 거야? 왜 다들 남의 몸에 그렇게 관심이 많은 거야? 아버지는 고작 몸무게 공개로 호들갑 떨지 말고 히어로 활동에 열중하라고 하셨지만, 열심히 히어로 활동을 해도 사람들은 내 몸무게에 더 큰 관심을 보였고, 그럴 때마다 너무 허탈했다.

난 아까부터 계속 다이어트, 다이어트, 이제는 다이어트로 화음을 쌓을 것 같은 무리를 향해 말했다.

"내가 다이어트를 왜 해? 지금 이 몸 덕분에 너희 보다 랭킹이 높은데."

그 말에 떠들어 대던 무리가 정색을 하며 나를 바라봤다. 보면 뭐 어쩌라고.

"불만 있으면 덤벼. 물론, 너희가 날 이길 수 있는 부분이라곤 나이 외에는 없겠지만."

여자라서 봐줬더니 기어오른다, 두고 보라며 고래고래 화를 내는 녀석들을 뒤로하고 회의실을 나왔다. 저놈들은 말만 저렇게 하고 아무것도 하지 못하는 멍청이들이니 신경 쓸 필요가 없었다.

저에 대한 소개를 잠시 해 볼까 해요! 제 이름은 김소희, 직업은 히어로랍니다!

"소희 씨, 마지막 촬영이니까 조금만 더 힘냅시다! 오른쪽으로 시선 돌리고!"

사실 히어로라고 하기 좀 민망하네요. 저한테는 아직 히어로 네임이 없거든요. 히어로 네임은 협회에 접수된 임무 중 하나라도 완수해야 얻을 수 있는 진정한 히어로의 증표랍니다. 전 데뷔는 했어도 아직 임무를 수행한 적이 없어서 그냥 히어로 '김소희'일 뿐이에요.

"자, 촬영 끝입니다! 수고하셨습니다!"
"수고하셨습니다!"
"소희야, 배고프지?! 여기 도시락!"

(두둥) 잘 먹고 잘 싸운다

"괜찮아요, 벌써 밤 9시 넘었잖아요. 지금 먹으면 살쪄서 안 돼요!"

"그래도 너 이제 열여덟 살인데 벌써부터 그렇게 굶으면⋯."

제 말에 매니저인 경숙 언니가 안쓰럽다는 얼굴로 저를 바라보네요. 정말 괜찮은데! 배고픈 것도 계속 참으면 아무렇지도 않거든요! 하지만 언니의 걱정도 충분히 이해돼요. 저번에도 빈혈 때문에 쓰러질 뻔했거든요.

아, 그러고 보니 제가 무슨 일을 하는지 말하지 않았네요! 전 연예계에서 활동 중이에요. '히어로면서 연예계?'라며 의아해하실 수 있지만, 제 나이 또래 여자 히어로들은 다 연예계에서 활동 중이랍니다. 제 입으로 말하기에는 조금 부끄럽지만, 저는 선천적으로 밝은 갈색 머리와 갈색 눈동자 덕분에 화보와 CF 촬영을 다른 히어로분들보다 많이 하고 있어요. 헤헤, 덕분에 인기가 좀 있는 편이죠.

"아, CF! 제가 부탁한 계약서 가지고 왔어요?"

"여기. 근데 이건 왜?"

"와! 고마워요, 언니!"

경숙 언니가 준 CF 계약서를 빠르게 훑었어요. 평소에는 소속사 사장님이 저 대신 사인을 해요. 저희 HR 엔터테인먼트는 히어로 연예인들과 독점으로 계약해 매니지먼트 업무를 담당하는 히어로 전문 대형 기획사인데 저한테 부당한 계약을 한 적이 한 번도 없어서 믿고 맡기고 있답니다. 제가 아직 어리기도 하고요. 하지만 이번 계약서는 좀 달라요.

"언니, 나 당장 사장님 좀 만나야겠어요. 회사로 가요!"

"뭐?! 방금 밤 9시 넘었다고 말한 사람은 넌데?"

"요즘 너무 바빠서 다들 야근한다고 언니가 그랬잖아요. 빨리 가요!"

제 말에 한숨을 쉬는 경숙 언니를 닦달해 서둘러 회사로 돌아가기로 했습니다. 좀 막무가내로 보이겠지만 저한테는 정말 중요한 일이에요. 제가 악착같이 일에 매달린 이유가 바로 이 계약서를 받기 위해서였답니다.

회사에 도착한 후, 저는 급한 마음에 주차를 하고 있는 경숙 언니를 뒤로하고 사장실로 뛰어갔어요. 거대한 문을 여니 고급스러운 원목 책상에서 열심히 일하시는 사장님이 보였어요.

"안녕하세요, 사장님!"

"응? 소희 네가 이 시간에 무슨 일이니? 와서 앉아."

사장님이 안내해 주신 소파에 앉으니, 사장님도 제 맞은편 소파에 앉으셨어요.

"이렇게 늦게 와서 정말 죄송해요. 하지만 너무 급한 일이라서요!"

"뭔데? 너 무슨 사고 쳤니?"

"그런 거 아니에요! 사장님 기억 안 나세요? 제 연예 활동 계약서에 이런 조항이 있었잖아요!"

(두둥) 잘 먹고 잘 싸운다

제가 언제나 가방에 넣고 다니는 계약서를 꺼내 사장님께 들이밀었어요. 제가 말한 그 조항은 노란색 형광펜으로 표시되어 있어서 금방 눈에 띈답니다!

[HR 엔터테인먼트는 김소희가 데뷔 후 2년 안에 일정 금액 이상의 계약 건을 성사시킬 경우 히어로 네임을 가질 수 있도록 적극적으로 지원한다. (*해당 금액은 계약서 뒷면에 기재)]

"저 새 광고 계약서 봤어요! 저 데뷔한 지 2년 안 지났는데, 이번 계약금이 정해진 금액을 넘었죠?!"

"오, 내가 그런 계약을 했었나?"

"이익, 모르는 척하지 마세요! 제가 히어로 활동을 하고 싶다니까 사장님이 재미있겠다면서 내기하자고 하셨잖아요!"

제 말에 사장님은 헛기침을 하셨어요. 제가 정말 그 금액을 넘길 줄은 모르셨나 봐요!

"소희야, 너 꼭 히어로 네임을 받아야겠니? 넌 이미 충분히 사랑받고 있잖아."

"꼭 받아야 해요. 사장님도 다 아시잖아요!"

전 대중의 사랑을 받으려고 히어로가 된 게 아니에요! 연예인이 되고 싶었으면 처음부터 연예 기획사에 들어갔지 왜 그 어려운 히어로 협회 시험을 통과해서 히어로 등록을 했겠어요. 지금은 연예 활동만 하고 있지만 전 히어로 활동이 더 좋아요!

사실 저 같은 여자 히어로들이 임무를 받는 건 매우 어려운 일이에요. 대부분의 일은 남자 히어로들에게 넘어가죠. 그래서 히어로 네임을 가진 남자 히어로는 많은데, 히어로 네임을 가지고 있는 여자 히어로는…. 제 기억으로는 캡틴 허니 번밖에 없네요. 대부분의 여자 히어로들이 연예계로 넘어오는 이유도 임무가 없어서랍니다.

사장님은 정말 고마운 분이세요. 임무를 하나도 받지 못해서 좌절하고 있는 저를 캐스팅해 주셨거든요. 듣기로는 사장님도 과거에 히어로였는데 차별을 받은 적이 있어서 이런 회사를 세우셨다고 하더라고요. 여성 히어로들이 히어로로 데뷔한 뒤 임무를 받지 못해도 연예계에서나마 활동할 수 있는 건, 다 사장님이 세운 이 엔터테인먼트 회사 덕분이라고 들었어요.

저랑 같은 처지의 동료 히어로 언니들은 쓸데없는 꿈은 접고 연예 활동에 집중하라고 했지만, 저는 포기하고 싶지 않아요. 이번 기회에 반드시 임무를 받고! 성공하고! 네임을 받고! 랭킹에도 들어갈 거예요!

"소희야, 기다리라니까 먼저 가면 어떻게 해! 세상에, 사장님! 죄송합니다. 제가 소희를 말리지 못해서!"

"괜찮아요, 경숙 씨. 경숙 씨도 앉으세요."

뒤늦게 도착한 경숙 언니는 안절부절못하며 제

옆에 앉더니 탁자 위에 올려져 있는 계약서를 보고 눈을 크게 떴어요. 흘러 내려간 안경을 올리며 계약서를 읽은 언니가 경악한 얼굴로 저를 바라보네요.

"소희 너! 정말 히어로 활동을 하려고 그래?"
"언니도 다 알면서."
"난 농담인 줄 알았지!"

경숙 언니는 한숨을 푹 쉬다가 제 손을 꼭 잡고 말했어요.

"소희야, 잘 생각해 봐. 넌 일반인 범죄자도 잡아 본 적 없잖아. 그런데 초능력을 쓰는 빌런들을 어떻게 잡으려고 그래?"

사장님은 경숙 언니의 말이 자기가 하고 싶은 말이라는 듯 열성적으로 고개를 끄덕이며 저를 바라봤어요. 언니 말이 맞아요. 저는 한 번도 빌런을 잡아 본 적이 없어요. 잡기는커녕 실제로 본 적도 없죠. 하지만 애초에 히어로 네임을 가질 수 있다는 이 조항이 계약서에 없었다면 전 연예 활동을 시작하지도 않았을 거예요! 제가 이 업계에 뛰어든 건 순전히 히어로 임무를 받기 위해서였다고요! 한 번도 해 본 적 없다고 도전하지 말라는 법도 없잖아요!

"죄송해요. 하지만 전 꼭 히어로 네임을 가지고 싶어요! 작은 임무라도 좋아요. 제가 공식적으로 협회 임무를 받을 수 있게 도와주세요!"

사장님은 히어로 협회에 많은 투자를 하고 있고, 그 대가로 협회에서는 사장님이 협회에 소속된 히어로와 계약할 수 있는 권리를 준다고 해요. 사장님이 마음만 먹으면 작은 임무 정도는 제가 맡도록 도와주실 수 있을 거예요. 벌떡 일어나 허리를 숙이며 사장님께 부탁했어요. 사장님이 저한테 남은 마지막이자 비장의 카드였어요.

"휴우, 그래. 이 신현정 사전에 내기에서 졌는데 딴말을 한다는 건 있을 수 없지. 임무를 맡게끔 도와줄 테니 일어나."

"정말이죠?! 만세!"

사장님의 대답에 벌떡 일어났어요. 사장님은 곤란한 얼굴로 저를 바라보다 어쩔 수 없다는 듯 장난스럽게 웃으셨어요.

"경숙 씨, 소희 스케줄 표 좀 줘 봐요."

"잠깐만요! 진심이세요? 소희가 히어로 활동을 하게 지원해 주시려고요?"

"그럼. 나 한 입으로 두말하는 사람 아닌 거 알잖아요."

사장님 말에 경숙 언니는 골치가 아픈 듯 인상을 찡그리며 한숨을 쉬다가 사장님께 스케줄이 적힌 태블릿을 넘겼어요.

"소희 네가 협회 광고 모델이었지. 이건 취소 못 해. 비록 남녀 공동이라고 해도 협회에서 여성 히어로를 모델로 쓰는 건 처음 있는 일이야."

"그럼요! 저 정말 완벽하게 촬영할게요!"

"좋아. 경숙 씨, 이 촬영 제외하고 나머지 스케줄 다 캔슬해 줘요. 소희야. 캔슬했으니까 히어로 활동 열심히 해야 한다?"

(두둥) 잘 먹고 잘 싸운다

"네!"

경숙 언니는 저와 사장님을 번갈아 보더니 다시 한번 길게 한숨을 쉬었어요. 이런, 한숨을 많이 쉬면 복이 날아간다던데. 경숙 언니가 휴가라도 얻게 되면 한숨을 덜 쉬겠죠? 사장님한테 부탁드려 봐야 겠어요!

#

쾅쾅쾅쾅!

"크흑!"

사방에서 달려드는 훈련용 로봇들의 공격을 피하며 정신없이 주먹을 휘갈겼다. 이 로봇들에게는 힘의 수치를 숫자로 나타내는 기능이 있는데, 지금 내 공격의 강도는 숫자가 아니라 '?' 표시로 나타나고 있었다. 내 힘이 측정 가능한 수치를 넘어섰다는 뜻이다. 이렇게 세게 때리면 곧 고장이 나겠지만 개의치 않고 최대 파워로 로봇들을 상대했다. 아버지는 나에게 '훈련을 할 때도 항상 빌런을 상대하듯 필사적으로 싸우라'고 가르치셨고, 난 한 번도 그 가르침을 어긴 적이 없었다.

"하압!"

쿵!

뒤쪽에서 공격해 오는 로봇을 피해 배 부분을 주먹으로 가격했을 때였다. 로봇이 이상한 소리를 내며 무너져 버렸다. 하나가 무너지니 나머지 로봇들도 같이 무너졌다. 이 로봇들은 한번 훈련을 시작하면 절대 멈추지 않지만, 하나가 공격 불능 상태가 되면 다 같이 쓰러지게 되어 있었다.

"아예 망가져 버렸네."

쓰러진 로봇의 잔해를 들어 보니 배 쪽이 완전히 산산조각 나 있었다. 이 로봇은 협회의 초능력 기기 연구 팀에서 심혈을 기울여 만든 야심작인데, 나 혼자 벌써 열두 개째 망가트리고 말았다. 연구원들이 울상을 지으며 공격 불능으로 만드는 것까진 괜찮으니 제발 부수지만 말아 달라고 했는데. 훈련을 하다 보면 점점 격해져서 조절이 안 된단 말이지. 매번 전력을 다하는 건 아버지의 가르침 때문이기도 하지만, 솔직히 이제 내가 힘을 최대로 쓰면서 상대할 수 있는 건 이런 로봇들밖에 없었다. 그래서 더 힘 조절이 안 되는 건가?

"아, 배고파."

이마에 흐르는 땀을 닦으며 들고 온 도시락을 꺼냈다. 우리 집 전용 주치의 선생님과 도우미 아주머니가 내 건강과 몸무게 유지를 위해 만든 귀한 6층 짜리 도시락이었다. 쉬림프 캘리포니아 롤, 버터 갈릭 랍스타, 장어구이, 연어 스테이크, 내가 좋아하는 반찬 몇 가지와 토마토 카프레제에 디저트 과일들까지. 호화로운 음식들이 많았지만 내가 제일 좋아하는 계란말이를 먼저 집어 들었다. 버터로 구운 덕분에 노란색이 선명한 계란말이에 자잘하게 들어간 야채들이 내 식욕을 자극했다. 와, 안에 치즈

(두둥) 잘 먹고 잘 싸운다

도 있어! 아주머니는 내 입맛을 너무 잘 아신다니까! 훈련실 한구석에 앉아 맛있는 도시락을 먹으니 기분이 좋아졌다. 아버지는 내 행동을 엄격하게 통제하셨지만 마음껏 하라고 허락하신 게 딱 두 가지 있었다. 바로 훈련, 그리고 먹는 것이었다. 그래서 난 훈련을 하고 밥을 먹을 때 제일 행복했다.

밥을 먹는 동안 뉴스를 확인하기 위해 핸드폰을 켰다. 인터넷에 접속하자마자 보인 한 사진에 시선이 머물렀다. 어린아이들이 사이좋게 도시락을 먹고 있는 사진이었다. 초등학교에 다니던 때가 떠올랐다. 난 언제나 내 전용 도시락을 들고 다녔는데 아이들은 양이 많은 도시락을 보고 나더러 돼지라며 놀리곤 했다. 그 놀림은 중학생 때까지 계속되다가 고등학교 입학 이후로 수그러들었는데, 그때부터 내 초능력에 대한 이야기가 언론에 공개되었기 때문이다. 내가 지금까지 남들과 같이 밥을 먹지 않는 건 아마 어린 시절의 기억 때문일 거야.

"입맛만 버렸네."

이렇게 생각하며 도시락을 바라봤다. 놀랍게도 6층짜리 도시락은 이미 말끔하게 비워져 있는 상태였다. 흠흠, 입맛 버리기 전에 다 먹어서 다행이네! 도시락을 정리하는데 핸드폰에서 알람 소리가 울렸다. 확인해 보니 협회 간부들과 최상위권 히어로들의 긴급 회의가 잡힌 모양이었다. 내 전용 훈련실이 협회 안에 있어서 다행이었다.

급하게 씻고 코스튬을 입은 후 회의실로 들어가

니 이미 사람들이 모여 있었다. 이들은 빔 프로젝터로 재생되는 영상을 바라보고 있었다. 며칠 전 내가 해결했던 불법 도박장 진압 사건을 촬영한 영상이었다. 어느 틈에 저런 장면이 찍힌 거지?

"와, 빌런들 때리는 것 봐라. 무슨 여자애가…. 저렇게 물불 안 가리고 진압하니 빌런이 아닌 일반인들에게도 폭력을 휘두른 것 아니겠어요?"

"에이, 라움. 캡틴 허니 번이 일부러 그런 게 아닐 겁니다. 아직 어리고 경험이 적으니까 이런 실수를 저지른 거겠죠~"

"캡틴 허니 번, 빨리 사과 안 해, 요? 너 때문에 협회가 얼마나 난감한 상황에 처했는지 모르겠어, 요?!"

이현수와 랭킹 3, 4위 녀석이 나를 마구 비웃으면서 까불거렸다.

"그게 무슨 소리죠? 일반인이라니?"

"오늘 아침에 제보받은 영상이다. 네가 조직을 제압하면서 숨어 있던 일반인에게 폭력을 휘둘렀다는 증거로 말이지."

내 물음에 답을 한 건 상석에 앉아 무표정으로 영상을 바라보던 회장님이었다. 그 불법 도박장에 일반인이 있었다고?

"회장님, 전 분명 그곳에 있는 이들이 전부 초능력자인 걸 확인했습니다. 애초에 저 장소는 빌런들이 깊은 산속에 숨겨 놓은 불법 도박장 겸 아지트였습니다! 일반인이 들어올 수가 없어요!"

(두둥) 잘 먹고 잘 싸운다

"그럼 이 영상은 어떻게 설명할 거지? 내가 지금 거짓 정보를 가지고 너를 문책한다는 거냐?"

"그게 아니라!"

"허니 번."

나를 부르는 회장님의 목소리에, 아니 아버지의 목소리에 몸이 얼어붙는 것 같았다. 난 아버지를 정말 존경하지만 그만큼 그가 무서웠다.

"이 영상이 거짓인지 아닌지가 중요한 게 아니다. 애초에 이런 영상에 찍혀서 구설수를 만들지 말았어야지."

내가 카메라가 어디에 있는 줄 알고 다 막냐고! 쓰러져 있던 빌런 놈 안경에 설치되어 있었나? 아님 굴러다니던 물병? 아무리 내 신체 능력이 인간을 초월했다고 해도 그런 카메라까지 발견하는 건 힘든 일이었다. 억울한 마음에 주변을 둘러보니 회의실에 있는 간부들이 날 불신의 눈초리로 바라보고 있었다. 이현수네 무리는 물 만난 고기처럼 그럴 줄 알았다며 나를 깎아내리기 바빴다. 여기 있는 그 누구도 내 말을 귀담아 듣지 않고 있었다.

"이 영상을 제보한 일반인은 피해 보상 대신 너의 은퇴를 요구했다."

"은퇴요?! 차라리 피해자분께 제가 사과하겠습니다!"

"하, 너같이 폭력적인 히어로는 믿을 수 없다고 하는데 사과를 한들 해결될 것 같아?"

폭력적인 히어로라는 말에 회의실에 있던 이들이

피식거리며 나를 비웃었다. 난 창피하지 않았다. 폭력적인 히어로가 뭐 어때서. 빌런들이 나를 죽이려고 달려드는데 그럼 그들을 말로 설득하란 말이야?

"허니 번, 넌 내 이름에 먹칠을 했어. 천하의 캡틴 불칸이 직접 키운 히어로가 일반인 폭행으로 은퇴라니, 어이가 없군."

지금 내 얼굴이 달아오르는 건 나를 보며 아버지가 깊게 한숨을 쉬셨기 때문이다. 난 언제나 아버지의 자랑스러운 딸이 되고 싶었고, 아버지에게 인정받고 싶어서 노력했다. 그런데 이런 사건 하나로 아버지를 실망시키다니! 오해라고 말하고 싶었지만 입이 열리지 않았다. 날 싸늘히 바라보는 아버지의 시선이 너무 무서웠다.

아버지처럼 멋진 히어로가 되기도 전에, 내가 하지도 않은 일로 은퇴를 해야 하는 거야? 이렇게 불명예스럽게?

"회장님, 진정하시죠."

긴장된 공기를 누그러뜨린 건 이현수였다.

"요즘 같이 히어로 인력난이 문제인 시기에 캡틴 허니 번을 은퇴시키면 협회만 손해일 거예요~ 당장 은퇴를 결정하기보다는 당분간 히어로 활동을 금지시키는 건 어떠세요? 그 제보자분은 제가 찾아 뵙고 사정해 보도록 하겠습니다~"

저놈이 왜 나를 돕는 거지? 의아함을 담은 시선으로 이현수를 바라보니 그가 씨익 하고 웃었다.

(두둥) 잘 먹고 잘 싸운다

"캡틴 허니 번을 그냥 쉽게 놔두면 안 되니⋯ 다른 일을 시키는 건 어떠세요? 그래, 접수부 일을 시키는 건 어때요? 거기도 일손이 부족하다던데."

접수부? 그곳은 일반인들로부터 히어로가 필요한 사건의 의뢰를 받는 부서다. 물론, 난 살면서 그런 사무직 일은 해 본 적이 없다.

"너도 좋지, 지영아? 아니 캡틴 허니 번?"

"다, 당연하죠, 프로즌 크리스탈."

아버지는 이현수의 말에 크게 반대할 생각이 없는지 묵묵히 나를 바라보기만 할 뿐이었다. 정말 자존심 상했지만, 난 억지로 웃으며 이현수 놈에게 고맙다고 말할 수밖에 없었다.

#

오늘은 내가 히어로 업무를 잠시 중단하고 접수부에서 일을 하게 된 지 딱 4일째 되는 날이다. 난 간단한 허드렛일을 하게 됐는데, 어떻게 소문이 났는지 첫째 날과 둘째 날에는 사람들이 몰려와서 나를 구경하고 사진을 찍는 통에 정신이 없었다. 셋째 날부터는 협회가 출입자 관리를 해서 그나마 좀 정상적으로 일했지만 그 사이 접수부 부장에게 미운털이 콕 박히고 말았다.

"이봐, 지영 씨! 내가 여기 청소 좀 깨끗하게 하라고 했지? 오늘 아주 중요한 손님이 오신다고 이틀 전부터 말하지 않았어?!"

"닦았는데요."

"이게 닦은 거라고? 내 손가락에 먼지가 그대로 묻어 나오는데 이게 닦은 거라고?"

"어, 다시 할게요."

아니, 아무리 열심히 해도 걸레로 먼지를 다 닦을 수는 없다고!

접수부를 마구 돌아다니며 나를 비롯한 직원들에게 온갖 성질을 내고 있는 부장은 이제 나이 60이 다 된 사람인데, 진짜 참꼰대였다. 접수 시간이 아닐 때면 직원들에게 마구 화풀이를 했고, 매사 자신이 다 옳다고 우겼고, 다른 사람 말은 듣지도 않았고, 편애도 심했다. 첫째 날과 둘째 날 벌어진 난리 때문에 부장의 화풀이 대상이 된 난 좀 억울했다. 고생시킨 건 인정하지만 그래도 시킨 일은 전부 끝냈는데!

가뜩이나 화풀이 잘하는 부장은 오늘 손님이 온다면서 잔뜩 예민해진 상태였다. 최대한 눈에 띄지 않게 조심해야지.

난 부장의 눈치를 슬쩍 보며 창틀을 다 닦고 자리로 돌아왔다. 조심스럽게 의자에 앉은 그때였다.

쾅!

"어머! 지영 씨!"

"이게 무슨 일이야? 지영 씨, 괜찮으세요?!"

"전 괜찮은데, 의자가…"

의자가 부서져 버렸어요, 라고 말을 마무리하지

(두둥) 잘 먹고 잘 싸운다

못하고 슬쩍 일어났다. 아래를 보니 의자의 잔해들이 바닥에 나뒹굴고 있었다. 지금 의자가 내 몸을 못이기고 부서진 거야? 물론 난 임시로 일하는 사람이라서 좋은 의자를 제공받지는 못했지만, 그래도 새 의자였는데 그게 부서진 거야? 친절한 접수부 직원들은 괜찮냐며 내 몸을 걱정했고, 난 이제 곧 쏟아질 잔소리 폭격에 휩싸일 내 정신을 걱정했다.

"남지영 씨! 방금 무슨 소리야? 아니 의자가!"

"부장님. 제가 일부러 이런 건 아니고요. 그냥 앉아 있었는데."

"그냥 앉아 있었는데 의자가 부서져? 남자도 아니고 여자가 앉았는데 부서졌다고?! 그러니까 살 좀 빼라고 내가 누누이 말했잖아! 어른이 말을 하면 좀 들어!"

역시나 가만둘 리가 없지. 저 멀리 있던 부장이 순식간에 나한테 달려와 잔소리를 시작했다. 일일이 대꾸하다가는 시간만 낭비하겠지? 나는 이현수 무리 앞에서 그랬던 것처럼 부장의 말을 한 귀로 듣고 한 귀로 흘리기 시작했다. 내가 가만히 있자 부장은 더욱 목소리를 높여 소리를 쳤다.

"자네가 그렇게 남자 유니폼을 입고 일하는 것도 사실 규칙 위반이라고! 여자 유니폼 중에는 맞는 사이즈가 없어서 입지를 못한다니! 우리 협회 여자 유니폼 사이즈는 2XL까지 있는데 그게 안 맞아? 정말 내가 다 부끄러워! 우리 접수부는 협회의 얼굴이야. 일반인들과 가장 자주 접촉하는 부서란 말이야! 그럼 더 모습을 단정하게 가다듬고

자기 관리를 할 생각을 해야지!"

그럼 여자 유니폼도 처음부터 남자 유니폼처럼 4XL까지 준비해 주든가. 왜 남자 것만 사이즈가 다양한 건데. 애초에 유니폼에 남녀 구분이 없는 게 협회 입장에서도 더 편하지 않나? 나중에 건의해 봐야겠다. 나는 점점 거세지는 부장의 말을 능숙하게 한 귀로 듣고 한 귀로 흘리고 있었지만, 한 가지 흘려 넘길 수 없는 말이 있었다.

"여자애가 살 때문에 유니폼도 못 입고 의자도 부수다니. 제발 뚱뚱한 자신의 몸을 부끄럽게 생각해! 나라면 창피해서라도 살을 빼겠어!"

살 문제로 비웃는 소리와 안 좋은 말들을 듣는 건 익숙한 일이었다. 멀리서 찾을 필요 없이 이현수 무리가 항상 하는 일이 내 몸을 비웃는 거니까. 하지만 부장은 이현수 무리와 조금 달랐다. 그놈들은 어떻게든 나에게 상처를 주려고 안달이었기에 그들의 비웃음에는 진정성이 없었는데, 부장은 정말로 내 몸에 경악이라도 한 듯 부들부들 떨었다. 여자의 뚱뚱함은 죄악이라고 외치는 부장을 보고 있던 난 시선을 돌려 볼록 튀어나온 내 뱃살을 내려다봤다. 내 배가 잘못된 걸까? 내가 뚱뚱한 게 정말 잘못된 거야? 데뷔 당시에 내 모습을 비웃었던 사람들이 떠올랐다. 아버지가 신경 쓰지 말라고 해서 그때는 신경 쓰지 않았지만, 부장의 말과 그 비웃음이 나에게는 자꾸 겹쳐서 들렸다.

부장의 잔소리와 히스테리는 일반인들의 접수가

(두둥) 잘 먹고 잘 싸운다

시작되고서야 잠잠해졌다. 접수부 직원들은 고생했다는 듯이 내 어깨를 토닥이고는 각자의 자리로 돌아가 업무를 시작했다. 나도 구석에 마련된 내 자리로 돌아가 허드렛일을 돕기 시작했다. 내가 맡은 일은 접수된 사건 중 히어로가 선택한 것과 그렇지 않은 것을 분리하는 작업이었다. 접수된 사건들을 전부 협회의 히어로가 처리하는 게 아니었다. 히어로가 처리하겠다고 선택한 일만이 협회의 승인을 받아 정식 임무가 될 수 있었다. 나 같은 랭킹 상위권 히어로들은 임무를 직접 선택하지 않고 협회에서 선정해 주는 임무를 담당했기 때문에 자세한 건 알지 못하지만. 한참 단순노동을 반복하고 있는데 주변이 소란스러워졌다. 돌아보니 부장이 한껏 들뜬 얼굴로 접수부에 들어온 손님을 환영하고 있었다. 접수부에 있던 일반인들도 기뻐하며 핸드폰으로 사진을 찍고 있었다.

"안녕하세요, 오늘 임무를 받으러 온 김소희라고 합니다!"
"어이구~ 우리 소희 씨~! 오느라 고생이 많았어!"

김소희? 연예계에서 활동한다는 그 여자 히어로? 원래는 협회에서 각 히어로가 선택할 수 있는 임무들을 파일로 전송하지만, 초보 히어로들은 접수부에 직접 와서 임무를 고르는 경우가 많았다. 아마 김소희도 그러려고 왔나 보네. 환하게 웃으며 김소희를 맞이한 부장은 그녀와 함께 부장실이 있는 안쪽으로 사라졌다.

둘이 사라지고 소란이 좀 가라앉으려 할 때, 내

앞쪽에서도 작은 소란이 일어났다.

"왜, 왜 제가 접수한 일이 또 취소된 거죠?!"

"죄송합니다. 히어로의 선택을 받지 못한 사건들은 아무리 접수를 하셔도 취소 처리가 돼요."

"선택한 히어로가 없다고요? 제 딸이 없어졌는데, 찾지 못한다는 건가요?!"

"아무래도 이건 협회가 아니라 경찰 쪽에 신고를 하는 게 좋을 것 같네요."

"경찰한테 얘기해도 소용없다고요! 제 딸이 초능력자라고 신고도 안 받아 준단 말이에요!"

초췌한 인상의 중년 여성이 내 앞에 있는 안내원에게 항의를 하고 있었다. 내 옆에 있던 직원들이 그 모습을 보며 자기들끼리 수군덕거렸다.

"저 아주머니 또 오셨네."

"아무리 오셔도 우리가 해 줄 수 있는 게 없는데."

"무슨 일인데 그래요?"

"아, 지영 씨는 모르겠구나. 저분 따님이 실종된 것 같다고 얼마 전에 접수를 하셨거든요. 그런데 이상하게 아무도 일을 선택하지 않더라고요. 접수가 자동으로 취소되니까 계속 찾아오시네요. 듣기로는 아주머니 댁이 여기서 엄청 멀다고 하던데, 저러다 쓰러질 것 같아요."

중년 여성은 바닥에 주저앉아 울기 시작했다. 그러자 밖에서 대기하고 있던 경비원 둘이 여성을 이끌고 밖으로 향했다. 소란이라면 소란이었지만, 아까 김소희가 다녀간 여파가 너무 컸던 탓인지 아무

(두둥) 잘 먹고 잘 싸운다

도 그 여성을 돌아보지 않았다.

"히어로에게 선택받지 못하면 아무리 급한 일이
라도 해결할 수 없는 건가요?"
"그럴 리가요~ 정말 급하고 중요한 일이라면 협
회가 알아서 상위 랭킹 히어로들에게 분배해요.
지영씨가 걱정할 필요 없어요~"

그럼 선택받지도 못하고 히어로들에게 자동으로
분배되지도 않는 사건들은 중요한 게 아니라는 뜻
인가? 저 중년 여성의 딸은 어떻게 되는 건데? 내
가 대꾸를 하지 않자 직원들은 곧 흥미를 잃었는지
다시 자신의 일에 집중했다. 난 자리로 돌아와 중년
여성이 나간 문을 가만히 바라봤다. 다시 일을 하려
해도 집중이 되지 않았고, 자꾸 중년 여성이 도와
달라고 울었던 장면이 떠올랐다. 다리가 달달달 떨
렸다. 잠시 고민하던 난 자리에서 벌떡 일어나 입구
를 향해 걸었다.

히어로가 선택하지 않은 사건들은 취소가 된다
니 그게 말이 돼? 애초에 히어로가 임무를 선택할
수 있다는 게 이상했다. 사람을 돕고 구하는 일인데
위험도는 따질 수 있어도 중요도를 따질 수는 없지.
아무리 히어로 임무를 쉬고 있다 해도, 난 히어로
다. 도와 달라며 울고 있는 사람을 그냥 지나칠 수
없었다.

부장이 없는 틈을 타 건물 밖으로 나오자마자 문
앞 계단에 앉아 있던 중년 여성과 눈이 마주쳤다.
그녀는 나를 알아본 듯 눈이 커져서 달려왔다.

"아가씨! 아가씨 히어로 맞죠? 티브이에서 봤어요! 아가씨, 아니 히어로님. 제발 저 좀 도와주세요!"

"알아요, 아까 다 들었어요. 따님이 실종된 건가요?"

"네, 네! 우리 수빈이! 제발 수빈이 좀 살려 주세요! 실종된 지 벌써 한 달이 훌쩍 넘었는데 아무도 도와주지 않아요!"

"진정하시고 다시 사건을 접수하세요. 제가 도와드릴게요."

중년 여성은 서럽게 울면서 고개를 끄덕였다. 그녀를 안으로 안내하고 사건을 다시 접수했다. 안내원분이 당황한 듯 나를 바라봤지만 난 어깨를 으쓱였다. 내 반응에 그녀는 말없이 사건을 접수해 줬다. 난 접수 처리가 완료된 서류를 중년 여성에게 보이며 말했다.

"이제 이 사건은 제가 담당하게 될 거예요. 바로 승인을 받을 테니 걱정하지 마시고 일단 돌아가셔서 쉬세요."

내 말에도 중년 여성은 마음이 놓이지 않았는지 정말로 아가씨가 담당해 줄 거냐며 몇 번이나 물어봤고, 나도 몇 번이나 대답했다. 내 확고한 태도에 그제서야 고개를 끄덕인 여성이 터덜터덜 협회를 벗어났다.

"저, 지영 씨. 지금은 히어로 임무 못 한다고 하지 않았어요? 이제 어떻게 하시려고 그래요?"

(두둥) 잘 먹고 잘 싸운다

"뭐… 일단 부장님이 승인만 하시면 어떻게든 되지 않을까요?"

"부장님이 허락하실까요? 어라, 그런데 왜 이렇게 안 돌아오시지? 한참 전에 들어가셨는데."

"부장실에서 놀고 있나 보죠, 뭐. 다녀오겠습니다."

걱정스러운 듯, 당황스러운 듯 웅성웅성거리는 직원들을 뒤로하고 난 서류를 든 채 당당히 부장실로 향했다.

#

내 자랑은 아니지만 말이야? 내가 이 협회에 몸 바쳐 일한 지 어언 20년이 훌쩍 넘었거든~? 어디 가서 무시당할 사람은 아니다, 이 말이야! 그런데 아까 남지영 그 친구가 날 봤던 표정이 어땠나, 어?! 어른이 말하고 있는데 그 흐리멍텅한 표정하며 성의 없는 대답하며! 이래서 어린 친구한테 높은 자리를 주면 안 된다는 거야! 예의를 죄다 밥 말아 먹었어, 아주!

"저, 부장님? 뭔가 안 좋은 일이라도 있으세요? 표정이 어두우신데."

"으응? 어유, 아니야 아니야. 소희 씨가 앞에 있어서 이 아저씨가 긴장했나 봐~ 난 신경 쓰지 말고 편하게 커피 마셔~ 소희 씨 온다고 내가 직접 준비한 카페 라떼야~"

"그러셨군요! 어쩐지 너무 맛있더라고요!"

"그래? 하하! 소희 씨는 나랑 입맛이 맞나 봐! 자

44 · 45

고로 라떼는 말이야~"

그래, 우리 소희를 좀 봐! 어른이 말하니까 딱 경청하는 저 모습! 저게 진짜 예의지! 얼굴이 예쁜 사람이 마음도 예쁘다고, 아주 남지영이랑은 차원이 다르다니까! 으휴 얄미운 남지영! 내가 말이야 어?! 히어로 임무 수행이 금지돼서 곤란에 빠진 저를 특별히 접수부에서 일하게 해 준 건데 고마운 줄도 모르고 그 심드렁한 태도라니! 특별히 걱정을 해 주고 신경을 써 주는데 귓등으로도 듣지 않고! 나 때는 말이야, 그렇게 예의 없고 덩치가 산만 한 여자는 일을 구하지도 못했어!

"저, 부장님? 괜찮으세요? 표정이 또 안 좋아지셨는데."

"으응? 어유, 소희 씨가 너무 예뻐서 내가 집중을 못 하네! 어디까지 이야기했더라?"

"자고로 라떼는 임무를 받기 전에 한 잔씩 마셔 주는 게 접수부의 관례라고까지 말씀하셨어요!"

"그렇구만! 그래. 라떼도 다 마셨고, 소희 씨가 맡을 임무를 전해 줘야지!"

원래 협회에서 여자 히어로에겐 임무를 잘 주지 않는데 말이야. 위쪽에서 어쩐 일로 소희에게만 임무 수행을 허락한 걸까? 히어로 인력난 때문에? 에잉, 히어로 가오가 있지! 힘들고 험한 일들이 있으면 남자 히어로들이 다 해낼 것이지. 아무리 일할 사람이 없다고 해도 저렇게 가녀리고 여린 여자아이한테까지 임무를 줘? 쯧쯧, 협회도 아주 갈 데까지 갔구만.

(두둥) 잘 먹고 잘 싸운다

"자, 이 서류 봉투 받게. 여기에 임무가 적혀 있어!"

"우와! 이게 제가 받을 첫 임무군요! 과연 어떤 임무일까? … 아…."

"정말 협회도 너무하지. 소희 씨 같은 사람이 일을 해 봤자 얼마나 한다고! 그래서 내가 특별히 소희 씨 임무를 직접 골랐다네. 자자, 얼마나 귀여운가! '잃어버린 고양이 찾기'! 소희 씨에게 딱 어울리는 일이야. 음음!"

"잃어버린… 고양이…?"

"원래 협회 히어로들이 자기 실적에 도움 되는 일만 골라서 이런 사소한 일들은 취소되기 마련인데 말이야~ 내가 소희 씨를 위해 그런 임무 중 제일 쉬워 보이는 걸로 골라 온 거야! 어? 이게 실적에 도움이 안 될 순 있지만 애초에 소희 씨는 히어로 실적을 크게 신경 쓰지 않잖아? 그저 안전하고 쉬운 일이 최고인 거지! 어때, 마음에 드나~?"

"마음에…"

"마음에 쏙 들겠지! 소희 씨는 고양이 좋아하나?"

"마음에 들 리가 없잖아요!"

벌떡!

어이쿠 깜짝이야!

"이건 말도 안 돼요! 이게 어떻게 해서 얻은 기회인데 고양이 찾기라뇨! 전 이런 게 아니라 정말 제 능력을 확실히 발휘할 수 있고 범죄를 예방할 수 있는 임무를 맡고 싶은 거라고요. 이런 일은 히어로가 아니어도 할 수 있는 거잖아요! 당장 임무 바꿔 주세요!"

우, 우리 천사 같은 소희가 저렇게 큰소리를 치다니…! 아무리 마음에 안 들어도 그렇지 자기보다 한참 어른인 나한테 저런 태도? 좀 당황스럽지만, 그래. 임무가 마음에 안 들 수도 있지. 아직 어리니까 저렇게 벌떡 일어나서 큰소리 치는 실수를 범할 수 있어. 어른 된 도리로 내가 소희를 달래야지.

"자자, 소희 씨. 진정하고~ 물론 임무가 마음에 안 들 수 있어. 그렇지만 히어로는 말이야~ 응? 항상 자기 마음에 드는 임무만 담당할 순 없는 거야. 그리고 소희 씨가 다른 임무를 맡는다고 해도 말이야, 그걸 반드시 완수할 수 있는 것도 아니고. 내 말이 무슨 뜻인지 알지?"

"몰라요!"

뭐, 뭐라고라? 내가 특별히 친절하게 말해 줬는데도 모르겠다고?

"항상 마음에 드는 임무를 할 순 없다니. 그런 소리는 제 마음에 드는 임무를 한 후에나 듣고 싶지, 벌써부터 듣고 싶지 않아요! 저한테는 이게 마지막 기회나 다름없단 말이에요! 반드시 실적을 낼 수 있는 임무가 필요해요. 임무 바꿔 주세요!"

"이봐, 소희 씨. 이 임무는 소희 씨 생각해서 내가 특별히 고른 임무인데 자꾸 섭섭한 소리 할 거야~? 그러지 말고 일단 이것부터 한 다음에, 성공하면 다른 임무도 줄게! 응?"

"그래도 싫어요! 전 고양이 찾는 임무를 맡고 싶지 않아요. 임무 바꿔 주세요!"

(두둥) 잘 먹고 잘 싸운다

"아니, 내가! 이 내가! 자네 무례한 것도 참고 친절하게 말하는데도 자꾸 말대꾸할 건가? 어?! 어른이 이렇게까지 신경 써 줬으면 네~ 하고 받을 것이지! 소희 씨, 자꾸 이러면 곤란해!"

"임무 바꿔 주세요!"

"안 돼! 이거 해!"

"싫어요! 다른 임무 주세요!"

"고집 피우지 말고 말 들어!"

"임무 바꿔 줘요!"

아니, 뭐 이런 애가 다 있어? 임무를 바꿔 달라고?! 내가 저를 생각해서 특별히 골라 왔다고 그렇게 말했는데 임무를 바꿔 달라고?! 내가 이 나이 먹고 저 어린 여자애 의견을 따라야 해? 싫으면 뭐 어쩔 건데! 윗사람인 내가 시키는 건데, 고분고분 하겠다고 말하지는 못할망정! 에잉!

"됐네! 싫으면 비키게!"

"앗! 임무 바꿔 주세요. 가지 마세요!"

"어이쿠! 내 앞 길 막지 말고 비켜!"

"임무 바꿔 주시기 전까지는 못 비켜요!"

이 애랑은 더 할 말 없을 것 같아서 자리를 떠나려고 하는데, 내 앞 길을 막고 절대 비키지 않는 심보는 뭐야? 해보자는 거야? 내가 아무리 나이를 먹었다고 해도 말이야! 저런 어린 여자애 하나 못 치울 것 같아?!

"에잇! 비키게!"

"으윽! 싫어요!"

"당장 비키라니까!"

"임무 바꿔 주세요!"

이때의 나는 몰랐어. 이 싸움이 그렇게나 오래 지속될 줄은….

"헉헉. 이보게, 김소희. 이제 그만하지? 어?"

"안 돼요, 임무 바꿔 주시기 전까지 못 비켜요!"

이 뒤로 나와 김소희 이 친구의 씨름이 얼마나 지속되었는지 모르겠어. 내가 젊었을 적엔 귀신 잡는 해병대를 나와서 17대 1로 싸워 이긴 사람이라고? 응? 근데 나이가 드니까 좀 벅차는구만. 난 체력이 점점 바닥으로 향하는데, 김소희는 아직도 쌩쌩해 보이니. 이러다가 내가 지게 생겼어. 구세주가 필요한데! 이 꼴을 남한테 보여 줄 수는 없고!

똑똑.

"부장님. 저 할 말이 있어서 들어갑니다."

뭐야, 누구야?! 문을 바라보니 얄미운 남지영이가 들어오더라고! 저 친구 얼굴이 지금처럼 반가운 적이 없었어!

"어, 뭐야. 역시 둘이 놀고 있었어요? 손바닥 씨름?"

"지금 농담할 때가 아니야! 이보게, 남지영이! 나좀 도와줘!"

"꺄악! 캡틴 허니 번! 왜 이곳에 있는 거죠? 접수부 유니폼도 너무 잘 어울려요. 저 완전 팬이에요! 앗, 부장님 어디 가세요!"

(두둥) 잘 먹고 잘 싸운다

"어이쿠! 이 발 좀 놓으라고! 남지영, 어서 이 친구 좀 떼어 내!"

"안 돼요. 절대 안 떨어질 거라고요!"

으, 이 찰거머리 같은! 얼굴 예쁜 사람이 마음도 예쁘다는 말은 취소야 취소! 내가 땀을 뻘뻘 흘리며 힘들어하는 게 보이지도 않아?! 두 손으로 내 발을 잡고 절대 놔 주지 않는 김소희가 이제는 남지영이보다 더 얄밉네!

"부장님, 저 이 서류 좀 처리해 주세요."

"아니, 도와 달라니까 무슨 서류야!"

"이거 방금 접수한 사건인데 제가 해결할 거니까 당장 승인만 해 주세요. 지금 승인해도 저한테 오려면 며칠 걸리잖아요."

"자네는 지금 임무 수행이 금지돼서 여기 일을 하고 있는 건데 승인은 무슨 승인이야! 어서 이 찰거머리 좀 떨어트리라고, 어이쿠!"

"제 임무도 빨리 바꿔 주세요! 그 전까지는 절대 절대 안 떨어질 거라구요!"

"나 방금 넘어질 뻔한 거 몰라? 미안하다고 사과해도 모자랄 판에 뻔뻔하게 나오다니. 예의는 다 어디다가 둔 거야! 나 때는 말이야, 상사한테 이렇게 굴면 바로 모가지였어! 어?!"

"어차피 제 상사는 우리 회사 사장님이라구요! 부장님 모가지가 잘리든 말든 전 그런 거 몰라요! 바꿔 줘요!"

"부장님, 그만 노시고 이거 서류 승인해 달라니까요?"

내가 못 산다, 못 살아! 얄미운 사람이 바뀐 게 아니라 두 명으로 늘었잖아!

"승인해 줄게! 어? 이 친구 떨어트리면 내가 승인해 줄게!"

"진짜죠?"

"히어로 협회 접수부 부장의 명예를 걸고 맹세해!"

그제서야 남지영이가 김소희를 나한테서 떼어 놓았어. 이렇게 쉽게 할 수 있는 일을 내가 그렇게 빌었는데도 안 해 줬다니! 협회에서 쫓겨날 뻔한 걸 살려 준 은인을 몰라보고!

"으앙! 캡틴 허니 번, 이거 놔주세요! 저 꼭 임무 바꿔야 한단 말이에요! 하지만 이렇게 가까이 있다니 이건 이것대로 영광이에요. 꼭 싸인해 주세요!"

"조용히 좀 해 봐요. 자, 여기 승인해 주세요."

쯧쯧, 저 오만한 표정이라니! 나를 뭘로 보고! 난 어디 가서 무시당할 사람이 아니란 말이야!

"흥, 승인이라니? 자네는 지금 근신 중 아닌가! 근신 중인 히어로가 임무를 맡으려면 파트너가 있어야 한다는 거 몰라? 어?! 지금 당장 파트너를 구해 온다면 승인해 주겠지만 그렇지 않으면 무효일세!"

"뭐라고요?"

저렇게 예의는 밥 말아 먹고 사근사근하지도 않

(두둥) 잘 먹고 잘 싸운다

은 애송이한테 파트너가 있을 리 없지! 아마 핸드폰에 저장된 히어로 번호도 몇 없을걸?! 그러니까 도와 달라고 했을 때 제꺽제꺽 도와주면 내가 이렇게 치사하게 나오지도 않지! 여튼 어른 공경할 줄 모르는 저 어린것들은 혼 좀 나 봐야 해! 사회 무서운 줄도 모르고!

"참, 안타깝구만! 파트너만 있으면 당장이라도 승인해 주고 싶은데 말이야. 당장 부를 히어로가 없다면 난 이만 나가 보겠어. 그리고 김소희! 자네는 이번 임무를 포함해 앞으로 어떤 임무도 받을 수 없을 거야. 명심해!"

"저랑 해요!"

"뭐라고라?!"

"캡틴 허니 번, 저랑 같이 일해요! 저도 히어로니까 파트너가 될 수 있는 거죠?!"

저, 저! 저! 저저저! 어이가 없어서 말이 안 나오네! 지금 주제넘게 무슨 소리를! 흘러내리는 안경을 올릴 새도 없이, 남지영이가 들고 있던 서류를 살랑살랑 흔들며 오만하게 웃더라고! 김소희는 옆에서 눈치 없이 야호를 외치니, 정말 이런 경우는 20년 경력을 통틀어 처음이라고! 나 때는 말이야. 이런 건 상상도 못 했어, 어?!

으으! 난! 예의 없는 것들이 너무! 싫어!

\#

다행히도 여차저차 승인을 받고 집으로 돌아올

수 있었다. 승인을 받았어도 엄청 급한 임무가 아니면 꽤 기다려야 하지만, 승인 처리를 하면서 자신의 이마를 탁탁 치며 침울해하던 부장의 얼굴을 떠올리니 기분이 좋아졌다. 다만 고민되는 건 아버지한테 어떻게 설명하냐는 건데.

걱정하며 현관문을 여니 벽에 걸려 있는 가족사진이 눈에 들어왔다. 검은 정장을 입고 당당하게 서 있는 젊은 시절의 아버지, 날씬한 몸에 어울리는 흰색 원피스를 입은 엄마, 그런 엄마의 품에 안겨 있는 어린 나. 아까 딸을 찾아 달라고 했던 중년 여성을 마주했기 때문일까, 아니면 엄마와 똑같은 옅은 갈색 눈동자를 가진 김소희를 만났던 탓일까. 사진 속 웃고 있는 엄마의 얼굴이 낯설었다. 엄마는 내가 네 살 때 돌아가셔서 나에겐 그녀에 대한 기억이 몇 없었다. 내 기억 속 엄마는 나를 사랑했지만, 무척 무기력하고 우울한 사람이었다. 종종 티브이를 보다가 울던 엄마의 모습이 기억에 남아 있다.

"남지영."

멍하니 사진 속 엄마를 바라보다 나를 부르는 소리에 고개를 돌렸다. 서재에 계신 아버지의 목소리였다. 급하게 서재로 들어가니 책상에 앉아 서류를 보고 계셨던 아버지가 나를 힐끔 보고 다시 서류로 시선을 내리며 말씀하셨다.

"현관에서 뭘 하고 있었지?"
"아, 가족사진을 보고 있었습니다."
"가족사진?"

(두둥) 잘 먹고 잘 싸운다

내 대답이 의외였다는 듯 아버지는 쓰고 계셨던 안경을 벗으며 나를 빤히 바라보셨다.

"남지영, 네 엄마가 그립나?"

나 역시 아버지의 질문이 의외여서 잠시 당황했다. 아버지는 엄마에 대해 이야기하는 걸 싫어하셨다. 사람들이 말하길 아버지는 무척이나 엄마를 사랑했기에 엄마에 대한 걸 떠올릴 때마다 괴로워져서, 엄마에 대한 이야기를 아예 입에 올리지 않게 된 거라고 했다. 하긴 나라도 사랑하는 사람이 빌런에게 인질로 잡혀 있다가 구하기도 전에 살해당했다면 무척 괴로웠을 거다. 아버지를 힘들게 하고 싶지 않은 마음에, 나는 어렸을 적부터 엄마에 대한 이야기를 최대한 자제하는 편이었다.

"아뇨. 기억도 잘 안 나는데 그리울 리가 없죠."

사실은 엄마가 그립다. 엄마가 살아 있었다면 삭막한 우리 집도 어딘가 달라지지 않았을까, 우리 가족도 조금 더 화목해지지 않았을까 상상하곤 했다. 마음을 숨긴 내 대답에 아버지는 손가락으로 책상을 툭툭 치셨다. 자연스럽게 내 시선이 아버지의 손으로 향했다. 아버지의 왼손에는 붉은 보석이 박힌 반지가 끼워져 있었다. 저건 부모님의 결혼 반지였는데, 아버지는 저 반지를 손에서 빼지 않으셨다.

"네가 그동안 접수부에서 한 일을 들었다. 사이즈가 맞지 않는 여자 유니폼을 억지로 입으려다가 세 벌이나 찢어서, 결국 남자 유니폼을 입고 일한다지?"

"윽! 그, 그게 일부러 그런 건 아닙니다! 제가 히어로 유니폼이랑 운동복만 입어 봐서 기성복 사이즈에 대해 잘 몰랐어요!"

"그리고 오늘은 접수부 의자를 부쉈다고?"

"그것도 전 정말 가만히 있었는데 의자가 저절로!"

"힘을 준 것도 아닌데 의자가 부서졌다고? 그것도 새 의자가?"

"그게…"

의자가 내 몸무게를 이기지 못해 부서졌다고 말할 수가 없어서 우물쭈물거리고 있으니 아버지가 깊게 한숨을 쉬셨다.

"남지영. 사이즈가 없어서 옷도 편하게 못 입고, 몸무게 때문에 새 의자를 망가뜨린 게 자랑은 아니란 거 알고 있겠지? 덩치 큰 남자여도 창피한 일인데, 심지어 넌 여자이니."

"아버지."

"지금까지 히어로 활동을 위해서 네가 살을 찌우는 것을 두고 뭐라 하지 않았는데 활동을 쉬자마자 이런 일이 터지다니. 다 내 욕심 탓이구나."

그는 무척 피곤한 얼굴로 그렇게 말했다. 아버지의 얼굴을 보니 죄책감이 내 가슴을 쿡쿡 찌르는 것 같았다. 낮에 머릿속을 맴돌았던 질문이 다시 떠오르기 시작했다.

내가 뚱뚱한 게 잘못된 건가?

"네 엄마를 볼 면목이 없어. 너를 잘 키우겠다고

(두둥) 잘 먹고 잘 싸운다

맹세했는데. 네 초능력을 보자마자 히어로로서, 협회의 회장으로서 욕심이 들어 어쩔 수 없었다. 네 엄마가 원했던 대로 고운 것만 보여 주면서 예쁘게 키웠어야 했는데."

아, 엄마는 내가 그렇게 크기를 바랐구나. 하긴 누가 자기 딸이 험한 일을 하면서 뚱뚱하단 소리를 듣고 살기를 바랄까. 나를 공주님이라고 부르던 엄마의 목소리와 자신의 욕심 탓을 하는 아버지의 한숨이 자꾸 내 죄책감을 부추겼다. 내가 정말 큰 잘못을 한 것 같았다.

"다이어트!"

"뭐?"

"이제부터 다이어트를 할게요!"

"… 정말이냐?"

다이어트라니. 내 인생에 없던 단어였다. 나도 모르게 내뱉은 말에 스스로 당황했지만 이내 마음을 굳혔다.

"네!"

사진 속 엄마의 날씬한 모습이 눈에 밟혔다. 그래, 내가 뚱뚱한 게 잘못된 거라면 바로잡으면 된다.

"잘 생각했다. 히어로 활동을 쉬는 동안 다이어트를 하면 되겠지. 당분간 접수부에도 출근하지 말고 다이어트에 집중하는 게 좋겠구나."

아버지는 웃으며 내게 다가와 어깨를 토닥이셨다. 오랜만에 보는 아버지의 웃음이었다. 아버지가 웃으니 그제서야 모든 게 제자리로 돌아온 것 같았다.

내 또래 애들은 왜 다이어트를 하는 걸까? 아, 그
래. 살을 빼려고 하는 거지. 왜 살을 빼려고 하는 거
지? 맞아, 날씬한 몸을 가지기 위해서야.

"오, 한계야."

나는 눈앞에 있는, 간이 되어 있지 않은 닭 가슴
살을 쓰레기통으로 던졌다.

이 방법은 안 되겠어. 씹고 있던 닭 가슴살까지
퉤 뱉으며 물을 마셨다. 하아, 다이어트를 결심하고
실행에 옮기면서 처절하게 깨달았다. 나는 밀가루
와 설탕이 없으면 살 수 없는 사람이었다. 앉아 있
던 식탁 의자에서 홀린 듯 일어나 부엌에 있는 디저
트 냉장고를 열었다. 집안일을 해 주시는 아주머니
께서 직접 만드신 간식들을 넣어 놓는 냉장고였다.
세상에. 냉장고에는 딸기가 듬뿍 들어간 크림치즈
타르트가 영롱한 자태를 뽐내며 놓여 있었다. 난 세
상에서 딸기 타르트가 제일 좋아.

앗! 뭐 하는 거야, 남지영!

서둘러 냉장고 문을 닫으며 정신을 차렸다. 다이
어트를 한다고 했으면서 타르트 먹을 생각을 하다
니! 내가 이렇게 의지가 약한 사람이었나?

"아, 맛있어."

뭐지? 내가 왜 맛있다고 말하는 거지?! 입에서 맴

(두둥) 잘 먹고 잘 싸운다

돌고 있는 이 행복감은 뭐야! 어느덧 내 손 위에는 한 입 먹은 딸기 타르트 조각이 올려져 있었다. 아까 이성을 찾았다고 생각했는데 순식간에 냉장고 문을 다시 열고 타르트를 먹은 모양이었다.

안 돼! 다이어트를 한다고 결심했으면서 타르트라니! 빨리 냉장고에 넣어 놔, 남지영!

그래도 나 그동안 열심히 했잖아? 이 정도는 먹어도 괜찮아.

정신 차려! 아버지와 한 약속은 그새 다 잊은 거야? 너 그 정도밖에 안 되는 애였어?!

하지만 지금 안 먹으면 버려야 하는걸? 그건 너무 아깝잖아.

내 안에서 이성과 식욕이 처절하게 싸우는 동안에도 타르트는 차근차근 없어지고 있었다. 다이어트가 사람을 미치게 만든다.

"운동으로 살을 뺄 수 있으면 좋을 텐데."

난 히어로 활동과 훈련을 통해 이미 상당히 높은 강도의 운동을 하고 있었다. 내 몸은 능력 강화를 위한 수많은 실험과 연구를 거쳐 어떤 운동을 하든 몸무게가 100kg으로 유지되는 상태가 되었으므로, 다이어트를 하려면 철저한 식이요법을 쓰는 수밖에 없다고 했다. 하아, 처음에는 식이요법 그까짓 거 간단한 거 아닌가 생각했는데 내 오산이었어.

역시 누군가에게 도움을 받아 볼까? 하지만 들키기라도 하면 순식간에 인터넷 검색어가 캡틴 허니 번 다이어트로 도배가 되겠지. 안 봐도 눈에 훤하다. 아버지에게 다이어트를 하겠다고 호언장담을 했는데 초반부터 이렇게 막히니 언제 살을 다 뺄까 너무 막막했다. 두툼한 뱃살을 보며 한숨을 푹 쉬고 있으려니 핸드폰 알람 음이 들렸다. 임무가 왔다는 소리다. 잠깐, 임무? 난 지금 히어로 활동을 쉬고 있는데?

순간 부장에게 어거지로 승인받은 임무가 기억났다. 그 직후 다이어트에만 신경 쓰느라 잊고 있었구나! 메시지를 확인하기 위해 핸드폰을 손에 든 순간 전화가 왔다. 아버지의 호출이었다.

#

당장 협회로 오라는 아버지의 말씀에 급하게 출발했다. 협회에 도착한 후, 회장실 방문자 전용 엘리베이터 안에서 심호흡을 몇 번이나 해야 했다. 찔리는 게 있으니 심장이 떨렸다. 후우, 멋대로 임무를 받은 것에 대해서 아버지한테 뭐라고 설명하지? 일단 사실대로 말하자. 나한테 잘못이 있긴 하지만 협회의 시스템에도 문제가 있는 거잖아. 이왕 이렇게 된 거 아버지에게 시스템 변경에 대해 건의를 하자. 아니, 임무를 완벽하게 처리하고 말하는 게 더 나으려나? 여튼 저튼, 이 임무를 포기할 생각은 없었다. 알림 메시지가 오기 전까지 깜박하고 있었던 게 마음에 찔리기도 하고. 이런저런 생각을 하다 보니 어느새 엘리베이터는 회장실이 있는 꼭대기 층에 도착했다.

엘리베이터 문이 열리니 모노톤으로 맞추어진 로비가 보였다. 깔끔한 걸 좋아하는 아버지의 성격이 묻어나는 검은색과 회색의 향연을 보며 침을 꼴깍 삼켰다.

엘리베이터에서 내려 로비 정면에 있는 문을 열었다. 문을 여니 역시 모노톤으로 맞추어진 비서실이 보였다. 자신의 책상에서 업무를 보던 비서님께 인사를 했다.

"안녕하세요."
"오셨습니까. 회장님, 캡틴 허니 번 님이 오셨습니다."

비서님은 평소처럼 간단한 안부 인사도 없이 바로 아버지께 연락을 했다. 캡틴 허니 번이라는 호칭 오랜만에 듣네.

허니 번이라는 히어로 네임은 내가 원해서 지은 게 아니라 아버지와 협회 간부들의 회의를 통해 받게 된 이름이다. 내 코스튬이 노란색이어서 그렇게 지었다나 뭐라나. 마음에 들지 않았지만 아버지가 회의의 결과라고 말씀하셔서 군말 않고 받아들였다. 랭킹 1위가 된 후 캡틴이 붙어서 그나마 듣기에 좀 나아졌지.

"들어가시면 됩니다."
"아, 네."

비서님을 뒤로하고 굳게 닫힌 회장실 문을 열었

다. 회장실의 한쪽 벽면은 통유리로 되어 있다. 아버지는 그 앞에 있는 책상에서 업무를 보고 계셨다. 여전히 빈틈없어 보이는 모습이다. 침을 꿀꺽 삼키고 아버지께 다가갔다.

"아버지."

"회장님이라고 불러라."

으으, 잘못한 게 있어서일까. 딱딱한 아버지의 모습에 너무나도 간절히 집에 돌아가고 싶어졌다. 아무 말도 못하고 굳은 나에게 아버지가 태블릿PC 하나를 건네셨다.

"읽어 봐."

태블릿 PC 화면에는 한 인터넷 기사가 떠 있었다.

"히어로는 어디로 사라졌는가"
지난달, 한 히어로가 실종되는 사건이 있었다. 실종된 히어로의 이름은 최수빈. 아직 히어로 네임이 없는 신입 히어로이다. 그녀의 어머니와는 이달 2일, 히어로 협회 본사 건물에서 만날 수 있었다. 어머니는 자신의 딸이 실종되었다고 신고했지만 협회에서는 임무를 수행할 히어로가 없다며 수사에 들어갈 수 없다고 통보했다. 소속 히어로가 실종되었음에도 아무것도 하지 않은 협회. 협회는 이 사건을 통해 대중뿐 아니라 소속 히어로들에게까지 실망감을 주고 있다.
최수빈 히어로의 어머니는 손에 쥐고 있던 명함을 기자에게 보여 주었다. 현 랭킹 1위 히어로인 캡틴 허니 번의 명함이었다. 그녀는 캡틴 허니 번이 사건을 해결

(두둥) 잘 먹고 잘 싸운다

하겠다고 자신과 약속했다며 그녀가 수사에 착수할 날을 손꼽아 기다리고 있다. 이 사건을 오랫동안 방치했던 협회가 드디어 수사에 들어가려는 것인지, 아니면 캡틴 허니 번이 개인적으로 의뢰를 받아들인 것인지 여부는 아직 밝혀지지 않았다. 캡틴 허니 번은 알려지지 않은 이유로 갑작스럽게 접수부에서 사무를 돕는 등 히어로 업무를 쉬고 있기에 실제로 수사에 들어갈지 의문이다.

기사에는 접수부 유니폼을 입고 있는 내 사진과 그 중년 여성이 나와 이야기를 나누는 사진이 함께 실려 있었다. 맞아, 그때 내가 불안해하는 여성분께 안심하라며 명함을 주고 집으로 보냈지. 그분에게 휴식이 너무 필요해 보여서. 당황스러워하는 나를 본 아버지가 의자에서 일어나 내게 다가왔다.

"잘했다."

"예?!"

"일반인이 도움을 요청할 때 가만히 있었다면 최상위권 히어로의 이미지에 큰 손실이 갔을 거야. 잘 판단했다."

"아, 그럼!"

"하지만 지금 너에게 가장 중요한 일은 따로 있다는 걸 잊지 않았겠지?"

망할 다이어트! 생각지 못한 아버지의 반응에 안심이 되긴 했는데 다이어트가 내 발목을 잡았다. 다이어트를 하면서 임무를 수행하는 건? 하지만 그러면 내가 못 버틸 것 같은데. 어떻게 해야 하는 거지? 임무가 끝날 때까지 잠시 다이어트를 쉬면 안 되나?

"허니 번. 넌 이 임무에 신경 쓰지 말고 다이어트에 집중해. 일단 기사가 나왔으니 하는 척만 하고 있으면 내가 곧 다른 히어로에게 임무를 넘길 테니."

"하지만 의뢰인에게 제가 책임지겠다고 말했습니다. 다이어트는 잠시 쉬었다가 해도 충분해요!"

"허니 번. 저번 사건 이후로 느낀 바가 없나?"

저번 사건? 의문을 담고 아버지를 바라보니 아버지가 한쪽 입꼬리를 올린 채로 웃으며 빔 프로젝터를 켰다. 그러자 한쪽 벽면에 영상이 나타났다. 내가 일반인을 폭행했다는 증거 영상이었다.

"넌 빌런을 처벌할 때는 최고의 히어로다. 내가 그렇게 키웠지. 하지만 사람을 구하는 히어로는 될 수 없어. 저걸 봐라. 누가 저 여자를 히어로라고 생각하겠어."

영상 속 여자는 어마어마한 괴력으로 빌런들을 때려눕히고 있었다. 아버지에게 대꾸할 말이 없었다. 난 빌런들을 체포하는 임무만 처리해 왔지 사람을 구하는 일은 해 본 적이 없었다.

"예전에도 너 같은 히어로가 있었지. 자신이 최고라 믿고 다 할 수 있다고 자만하다가 어느 쪽도 고르지 못해서 파멸해 버린…. 깊게 생각하지 말고 내가 시키는 대로 하거라. 히어로마다 자신에

(두둥) 잘 먹고 잘 싸운다

게 맞는 임무가 있는 거야. 실종 임무에 맞는 다른 히어로를 구할 테니 넌 다이어트에 집중하도록 해. 내 말 알겠지?"

"… 네, 회장님."

내가 할 말은 결국 수긍밖에 없었다. 내 대답에 만족하신 듯 아버지는 나가 보라고 말씀하셨다. 아버지의 말에 마음이 찔렸다. 난 내가 제일 강하다고 생각했고, 어떤 임무든 수행할 수 있다고 생각했다. 근데 이게 내 자만이었을까? 난 정말 사람을 구할 수 없는 히어로인가?

난 잡생각들을 의식 아래에 묻기로 했다. 아버지는 가장 오랫동안 나를 지켜보았고 나를 키우신 분이었다. 나에 대해서는 나보다 아버지의 판단이 훨씬 정확할 거다. 아버지를 믿자. 그렇게 생각을 정리한 뒤 엘리베이터를 타고 협회 1층으로 내려갔다.

"꺅! 캡틴 허니 번! 그동안 잘 지내셨어요? 전 저희가 빨리 만나기를 매일 밤 기도하면서 지냈어요! 저 기억나시죠? 접수부에서 만났던 김소희라고 해요. 캡틴 허니 번의 파트너가 되기로 했던!"

로비로 나오니 소파에 앉아 있던 김소희가 벌떡 일어나 호들갑을 떨며 나에게 인사를 했다. 잠깐만, 김소희? 예상하지 못했던 만남에 놀라 멍하니 그녀의 얼굴을 바라보았다. 젠장, 생각해 보니 이번 사건 한정이지만 나 김소희랑 파트너였지. 새것으로 보이는 히어로 코스튬을 입은 채 반짝반짝 웃고 있는 김소희를 보자니 갑갑해지기 시작했다.

"꺄악! 이거 제 첫 임무예요! 왜 이렇게 설레는 거죠? 캡틴 허니 번과 함께여서 그런 걸까요?! 저 정말 부끄럽지 않은 파트너가 될게요. 이번 임무 같이 하는 동안 잘 부탁드려요!"

내 마음을 아는지 모르는지. "저희 꼭 임무 수행 성공해요! 파이팅! 파이팅!"이라며 해맑게 웃는 김소희를 보니 한숨이 푸욱 나왔다.

(두둥) 잘 먹고 잘 싸운다

2. (싱긋)
여자 히어로 특집

#

"아직도 안 믿겨요! 제가 캡틴 허니 번이 운전하는 차에 타고 있다니! 사실 저, 언니가 데뷔했을 때부터 계속 응원했거든요. 히어로가 되면 멀리서나마 직접 볼 수 있을 줄 알았는데 언니는 방송 활동을 전혀 안 해서 한 번도 못 본 게 너무 속상했어요. 하지만 이렇게 임무를 같이 수행하게 되다니 전 너무 운이 좋은 것 같아요!"

"하하."

재잘재잘. 김소희를 차에 태운 후 실종된 히어로가 살던 오피스텔로 가고 있는 중이었다. 김소희는 정말 쉼 없이 말을 했다. 어쩜 저렇게 말이 끊이지 않는 거지?

"앗! 꼬르륵거렸다! 헤헤, 제가 점심을 못 먹어서. 언니, 차에서 뭐 먹어도 돼요?"

"하하, 편하신 대로 하세요."

(싱긋) 여자 히어로 특집

우리가 얼마나 친하다고 벌써 언니라고 부르냐. 정말 범접할 수 없는 친화력이다. 김소희는 자신이 가지고 온 가방을 뒤적거리더니 다이어트 곤약 젤리 하나를 꺼냈다.

"점심이 그게 다인가요?"

"네. 전 이것만 먹어도 충분히 배불러요! 언니도 하나 드릴까요? 포도 맛이라 맛있어요!"

김소희가 해맑게 웃으며 들고 있던 곤약 젤리를 나에게 내밀었다. 어떻게 저것만 먹고 배부를 수 있는 거지? 내가 저칼로리 다이어트를 한다고 설쳤을 때도 저것보다 많이 먹었다. 김소희만큼 날씬해지려면 저렇게 먹으면서 살아야 하는 건가? 인터넷에 돌아다니는 '아침에는 사과 반쪽 저녁에는 바나나 한 개'가 농담이 아니라 진짜라는 거야? 하아, 막막하다.

"전 괜찮아요. 이미 점심을 먹어서."

"그래요? 지금이 좀 늦은 시간이긴 하죠."

살짝 시무룩해진 김소희가 고개를 숙여 곤약 젤리를 한 입 먹더니, 이내 다시 나를 바라보며 기운차게 말했다.

"아, 언니. 저한테 말 놓으셔도 돼요!"

김소희의 말에 잠시 고민했다. 그닥 친해지고 싶진 않지만, 당분간 같이 있을 텐데 계속 존댓말 하는 것도 불편하겠지.

"그럼 말 놓을게."

"네!"

김소희는 내가 동의하자 신이 난 듯 알려 주지 않아도 될 자신의 정보들을 정말 많이 말하기 시작했다.

"저 임무를 위해서 히어로 코스튬을 입는 건 처음이에요! 몇 번 프로필 촬영용으로나 프로그램 측 요청으로 입기는 했지만요. 이것 보세요, 언니 코스튬 소매가 퍼프 형태잖아요. 그래서 여자 히어로들 코스튬은 이렇게 퍼프소매로 만드는 게 유행이에요! 이렇게 원피스 형식인 것도 언니 코스튬을 따라한 거고요! 사실 다른 히어로분들 코스튬은 좀 투박했는데 언니가 이런 디자인을 유행시켜서 너무 좋아요. 어쩜 이렇게 귀여운 아이디어를 생각하셨어요?"

내 코스튬이 퍼프소매에 원피스 형태인 건 타이트한 코스튬을 입으니 두꺼운 팔뚝 살과 툭 튀어나온 뱃살이 보기 흉하다고 아버지가 평가했기 때문이다. 내가 이런 코스튬으로 데뷔를 했을 때, 얼마나 많은 사람들이 나를 욕했는지 김소희는 알까? 히어로 일이 애들 장난도 아니고, 어떻게 저런 코스튬을 입고 활동을 할 수가 있냐며 많은 히어로와 사람들이 나에게 손가락질을 했다. 코스튬 논란은 내가 랭킹 1위에 오르고 나서야 잠잠해졌다.

여자 히어로들 사이에서 퍼프소매가 유행이라고? 원피스 형식이 생겨서 좋다고? 내 코스튬은 그저 귀여운 아이디어의 산물이 아니었다.

(싱긋) 여자 히어로 특집

"에휴, 오늘 승인 문자 받고 진짜 빨리 오고 싶었
는데 화장이 잘 안 돼서 몇 분 지각해 버렸어요!
아이라인 꼬리가 자꾸 짝짝이로 그려지는 거예
요. 그래서 결국 다 지우고 다시 그렸잖아요!"

"시간이 아깝네. 나라면 그때 사전 자료를 봤을
텐데."

젠장, 퉁명스럽게 말하고 싶지 않았는데, 나도 모
르게 이현수 무리를 상대할 때의 말투가 나와 버렸
다. 슬쩍 김소희 쪽을 바라봤다. 가장 먼저 허벅지
가 눈에 들어왔다. 나보다 절반 이상은 가늘어 보
이는 허벅지, 앉아도 접히지 않는 배. 시선을 올리
니 김소희는 눈을 동그랗게 뜬 채 나를 바라보고 있
었다. 김소희의 옅은 갈색 눈동자는 사진 속 엄마의
눈동자와 색이 똑같았다. 엄마가 원했던 예쁜 딸이
저런 모습일까. 억울했다. 김소희가, 아니 여자 히
어로들이 저렇게 코스튬이나 화장에 집중하는 대
신 히어로 임무에 집중했다면 히어로 인력난도 안
생겼을 테고, 그럼 내가 이렇게까지 살을 찌울 필요
도 없었을 텐데. 내가 살찐 이유가 다 그녀들 때문
인 것 같았다.

"지영 언니는 역시 프로예요! 세상에 전 어쩜 그
런 생각을 하지 못했을까요? 좀 더 빨리 와서 언
니를 기다릴 생각만 했지 먼저 사전 자료를 읽을
생각은 전혀 못 했어요. 언니는 역시 준비된 히어
로예요. 너무 멋져요!"

"… 뭐?"

예상하지 못한 반응에 당황한 건 나였다. 난 김소희가 최소한 시무룩해할 줄 알았다. 이런 내 생각을 비웃기라도 하듯 김소희는 꺄악꺄악거리며 역시 캡틴 허니 번은 최고라고 소리쳤다. 저런 애 처음이야. 어떻게 하지? 나 감당 못 하겠어. 당황한 난 실종된 히어로의 오피스텔로 빨리 가기 위해 차 속력을 높였다. 김소희의 호들갑 덕분에 여자 히어로들을 향한 내 원망 역시 속력을 내면서 사라지고 말았다.

삐리릭.

실종된 히어로의 어머니에게 받은 키로 오피스텔의 현관을 열고 아까 읽었던 사전 정보를 다시금 살펴봤다. 어디 보자, 실종된 히어로의 이름은 최수빈. 올해 스물한 살. 초능력은 염력이네. 히어로로 데뷔한 지는 6개월도 채 되지 않았고, 히어로 시험에 합격하자마자 바로 본가를 나와 이곳에서 자취를 시작했다. 히어로 네임은 없는 상태고.

어머니의 증언에 따르면 딸과는 못해도 2주일에 한 번씩 연락을 했는데, 한 달이 넘도록 연락이 되지 않아 직접 오피스텔로 왔다가 딸이 실종되었다는 것을 알았다고 한다. 최수빈이 사라진 시점으로부터 시간이 너무 많이 흐른 것 같긴 하지만, 그래도 조사해 봐야지. 조용히 나를 따라오는 김소희에게 당부했다.

"현장을 너무 어지르지는 마. 단서가 될 만한 걸 발견하면 나한테 말하고."
"네, 언니! 저 너무 두근거려요!"

(싱긋) 여자 히어로 특집

"이건 놀이가 아니야. 주의해."

"네, 네!"

눈을 반짝거리는 김소희를 보고 어깨를 으쓱였다. 나한테도 저런 때가 있었지. 현장 경험이 없는 김소희에 비해 당시 나는 이미 빌런 제압 전문 히어로였지만. 사실 이런 사건 해결은 라움 녀석이 잘한다. 가 본 적 없는 곳으로도 순간 이동이 가능한 라움은 이런 조사 임무에 특히 두각을 보였다. 그러면 뭐 해, 그 녀석은 이현수랑 같이 날 괴롭히느라 바쁜 놈인데. 그딴 녀석이랑 일할 바에는 김소희가 훨씬 낫지.

에비 에비, 쓸데없는 생각은 그만하고 집중하자.

실종된 최수빈의 집은 평범했다. 그녀의 어머니가 한 번 뒤진 모양인지 좀 어수선한 것 외에는 특별한 점이 없어 보였다. 열려 있는 옷장에는 히어로 코스튬이 한 벌 걸려 있었다. 코스튬이 이것뿐인 건가? 히어로들은 코스튬을 최소 두 벌 정도 구매한다. 임무를 수행하다 보면 코스튬이 금방금방 더러워지는데 빨고 나면 마를 때까지 코스튬을 입을 수가 없기 때문이다. 물론 비싼 재질로 만들었거나 초능력을 이용한 세척 기능이 있는 코스튬이라면 얘기가 달라진다. 참고로 자랑은 아니지만 내 코스튬은 비싼 재질로 제작된 데다가 세척 기능도 있는 최첨단 코스튬이다.

잠깐, 이 코스튬 소매도 퍼프잖아? 심지어 원피스 형태네? 코스튬을 보다가 시선을 바닥으로 내렸다. 히어로 코스튬이 걸려 있는 옷걸이와 똑같은 옷걸이가 하나 떨어져 있었다. 코스튬이 아닌 다른 옷들이 걸린 옷걸이와는 모양이 달랐다. 집 안을 둘러보니 빨래 바구니나 건조대에는 아무것도 없었다. 그럼 히어로 코스튬이 하나 없어진 건가? 아니면 입은 상태로 실종된 건가.

생각에 잠길 참이었다.

"앗!"

우당탕 쾅쾅!

"뭐야?!"

놀라서 뒤를 돌아보니 화장대 위에 있던 화장품들을 쏟은 김소희가 깜찍한 표정으로 나를 바라보았다.

"헤, 헤헷. 떨어트렸어요. 하지만 이렇게 주우면 되죠!"

"너, 조심하라고 했지!"

혀를 차며 화장대로 향했다. 내가 주의하라고 방금 말했잖아! 성큼성큼 다가가는데 떨어진 화장품들 아래에 있는 종이가 눈에 띄었다. 종이를 주워 내용을 확인하고 있으려니 그 사이에 김소희도 뭔가가 눈에 들어왔는지 흰 통을 하나 주워 바라보고 있었다.

내가 주운 종이에 적힌 것은 최수빈의 스케줄 표였다. 데뷔를 한 지 얼마 되지 않아서 그런가 이번 달 스케줄 표가 텅텅 비어 있었다. 그나마 있는 일정이 오늘 저녁에 있는 토크쇼 촬영이네. 내가 알기로 최수빈은 엔터테인먼트 회사에 소속되어 있지 않고 개인으로 활동하고 있었다. 이 스케줄은 자신의 인맥을 이용해서 잡은 것 같은데, 그렇다면 촬영장에 최수빈과 친한 이가 있을 확률이 높다. 최수빈이 친하게 지낸 지인을 몰라서 좀 막막했는데 잘됐다.

"언니, 뭘 그렇게 봐요? 이거 좀 보세요! 제가 광고한 다이어트 약인데 수빈 씨도 먹고 있었나 봐요!"
"어, 그래."

옆에서 김소희가 아까 주운 흰 통을 들고 호들갑을 떨었다. 대충 대답을 하고 방송국에 들어갈 방법에 대해 고민했다. 조용히 접근할 수 있는 방법이 없을까. 아버지가 이 사건은 대충 처리하라고 하셨으니 최대한 눈에 띄지 않게 움직이고 싶은데.

인맥을 이용할 수는 없잖아. 난 방송국에 아는 사람이 없으니까. 다른 인기 랭커 히어로들은 예능도 자주 찍고 광고도 찍는 것 같지만 난 아버지가 그런 행위를 싫어하셔서 한 번도 해 본 적이 없었다. 하아, 이현수 무리가 이런 거 자주 하던데…. 아니야, 한순간이라도 그렇지 그 자식들한테 도움받을 생각을 하다니. 반성해라, 남지영!

"언니. 뭘 그렇게 뚫어져라 보고 있어요?"

고개를 내 쪽으로 기울여 스케줄 표를 확인한 김소희는 들고 있던 약통을 붕붕 흔들며 말했다.

"저 이 프로그램 PD님 아는데!"
"진짜?!"

그러고 보니 김소희, 아니, 아니 우리 소희가 있었지! 누구보다 연예계에 인맥이 넓은 사람을 옆에 두고 쓸데없는 고민을 했네! 내 반응에 소희가 눈을 동그랗게 뜨고 나를 바라보다 이내 환하게 웃었다.

"드디어 제가 활약할 때가 온 거군요! 저한테 맡기세요!"

소희가 이렇게 믿음직스럽게 보이다니 놀라운 일이다. 자신의 핸드폰을 꺼내 어딘가로 전화를 거는 모습을 보고 있자니 소희가 벌써 한 단계 성장한 것처럼 느껴졌다.

"언니! 됐어요!"
"그래?!"
"네! PD님도 캡틴 허니 번의 첫 예능을 촬영하게 돼서 너무 영광이래요! 다행히 버라이어티 쇼가 아니라 토크 쇼라서 자리를 만들 수 있었나 봐요. 아, 그렇다고 너무 부담 가질 필요 없어요. 이거 제가 알기로는 이미 찍은 영상을 보면서 게스트들이 수다 떠는 촬영으로 알고 있거든요. 요즘 그런 게 유행이잖아요. 자, 촬영 시간까지 얼마 안 남았으니까 빨리 가요!"
"잠깐. 지금 뭐라고? 첫 예능? 촬영? 내가?"
"네! 어라, 이 예능에 나가야 하는 거 아니었나요?"

"언니랑 촬영이라니 너무 좋아요!" 이러면서 깜찍한 표정을 짓는 소희를 보며 나는 소희가 믿음직스럽다는 생각을 활활 불태우기로 했다.

(싱긋) 여자 히어로 특집

#

여기가 어디지? 커다란 거울에 멍한 표정으로 있는 내 얼굴이 비쳤다.

맞아, 난 소희의 어처구니없는 착각으로 갑자기 예능 녹화에 참여하게 되었지. 이쪽에서 급하게 잡은 약속인지라 차마 취소를 하지 못하고 그대로 방송국으로 와야만 했어.

"김소희 님. 메이크업 수정 좀 할게요."
"네~"
"캡틴 허니 번 님도 메이크업이랑 헤어 세팅 들어갈게요."
"전 괜찮아요."
"네? 그래도….."

서둘러 대기실로 들어와 소파에 앉아 있던 난 다가오는 여자분께 괜찮다고 손사래를 쳤다. 거추장스럽게 무슨 화장이야. 내가 거절하자 여자분은 매우 당황스러워하며 안절부절못하셨다.

"최소한 입술에 뭐라도 바르시는 게 좋을 것 같은데."
"뭐… 그래요."

화장하고는 담을 쌓고 살아 왔지만, 여자분이 너무 어쩔 줄 몰라 하길래 그냥 입술에 뭔가를 바르기로 했다.

그나저나 큰일이네. 아버지가 대충 하는 척만 하라고 말씀하셨는데, 의도치 않게 일을 키운 것 같아. 아니야, 대충 하라는 말씀을 따르느라 수사할 시간에 방송 촬영을 했다고 말하면 어떻게 넘어갈 수 있을 것 같아. 근데 하필 예능 촬영이라니. 아버지가 오락 프로그램 따위를 보는 건 시간 낭비라며 싫어하셔서 출연 제의가 왔을 때도 다 거절했는데.

"자, 다 됐어요."

차오르는 죄책감을 퍼내고 있노라니 다 끝났다는 말이 들렸다. 뭐, 입술에 색이 좀 생겼네. 별 감흥 없이 거울을 바라보는데 옆에 있던 소희가 꺄르르 웃으며 호들갑을 떨었다.

"와! 너무 예뻐요!"
"고맙다."

그렇게 말하는 소희의 얼굴은 아까보다 한층 반짝였고 더 화려해졌다.

"넌 그렇게 화장하면 안 불편해?"
"음, 처음에는 그랬는데 익숙해지면 내가 화장을 한 건지 안 한 건지 인식도 안 돼요. 물론 언니는 이런 적응이 필요 없겠지만요!"

소희가 환하게 웃었다. 아니 그게 적응이 필요한 일이야?

"이렇게까지 할 필요 있어? 넌 연예인이 아니라 히어로잖아."

이현수네가 자신들이 나온 방송을 억지로 보여 준 적이 있는데, 그 자식들 얼굴에는 저렇게 불편하고 번거로운 화장이 없었다.

"그건 그런데 이렇게 안 하면 사람들한테 기본이

(싱긋) 여자 히어로 특집

안 됐다고 혼났거든요. 촬영 전 화장은 그냥 필수인 거 같아요."

"그래? 내가 아는 다른 히어로들은 안 그렇던데."

"남자 히어로분들은 경우가 좀 다른 것 같아요. 그분들은 히어로 활동을 주로 하시잖아요!"

소희는 뭔가 더 말하려는 듯 입을 벌렸다가 이내 싱긋 웃었다. 뭐야, 왜 말을 하려다가 말아.

"캡틴 허니 번 님, 김소희 님! 촬영 들어갈게요!"

촬영 스태프가 대기실 문을 열고 우리를 호출했다. 소희가 이끄는 대로 대기실을 나와 스튜디오로 들어서니 여러 사람들이 분주하게 움직이고 있었다. 세트장 한가운데에 조금 불편해 보이는 의자가 여러 개 놓여 있었고, 앞에는 큰 모니터가 설치돼 있었다. 스태프의 안내에 따라 내 의자에 앉았는데 이 프로그램의 특별 게스트인지라 맨 가운데 자리였다.

다행히도 이 프로그램에서 내가 할 일은 별로 없었다. 소희가 대충 설명해 줬던 것처럼 유명인들의 하루를 촬영하고 그 영상을 보면서 연예인들이 서로 토크를 나누는 형식의 프로그램이었기 때문이다. 좋아, 아무것도 하지 말고 얌전히 있다가 최수빈의 지인을 찾아봐야겠다.

우리가 앉으니 다른 패널들도 들어왔다. 다들 소희와 아는 사이인지 반갑게 인사를 나눴다. 역시 연예인이어서 그런가 다들 말랐고 예뻤다. 가장 앞쪽에 있는, 반 묶음 머리에 연보라색 코스튬을 입은 여자가 나를 보며 입을 열었다.

"캡틴 허니 번! 이렇게 만나서 반가워요. 전 히어로 박희진이에요."

"히어로요? 배우분 아니세요?"

"언니, 오늘 여자 히어로 특집이잖아요. 패널분들 다 여자 히어로예요!"

소희의 말을 듣고 나서야 깨달았다. 그래서 다들 코스튬 같은 옷을 입고 있었구나. 난 그냥 연예인들이 특집 주제에 맞춰서 히어로 비슷한 옷을 입은 건 줄 알았는데.

"죄송해요. 여자 히어로분들은 잘 몰라서."

"아니에요, 제가 히어로 활동을 안 하고 연기 활동만 하는 건 맞으니까요."

내 말에 박희진이 상냥하게 웃으며 괜찮다고 말했다. 박희진이 웃자 박희진의 눈 아래에 바른 반짝이가 반짝반짝 빛났다.

"캡틴 허니 번, 전 한아영이라고 해요! 저 캡틴 허니 번이랑 같은 날에 데뷔했어요."

"아, 그래요? 그때 데뷔한 사람들이 많아서."

"하하하! 저도 캡틴 허니 번 외에는 기억 안 나요. 오늘 촬영 열심히 합시다!"

자신을 한아영이라고 소개한 단발머리 여자도 넉살 좋게 씨익 웃었다. 오렌지색 코스튬이 잘 어울리는 사람이었다. 한아영 옆에 있는 곱슬머리에 금발인 여자와도 눈이 마주쳤다. 다른 사람은 잘 몰랐지만 저 사람의 얼굴은 알고 있었다. 랭킹 4위 놈이

(싱긋) 여자 히어로 특집

같이 촬영했다면서 엄청 자랑했기 때문이다.

"서가은이에요."

자기 이름을 말한 서가은은 이내 다시 시선을 내려 핸드폰을 바라봤다. 어라, 영상에서는 엄청 귀엽고 애교 많은 성격이었는데.

"지영 언니가 이해해 줘요. 가은 언니 최근에 악플러들이 SNS로 난리 치는 바람에 기분이 별로 안 좋거든요! 사람들도 너무해요. 가은 언니가 가만히 있으면 여자가 무뚝뚝하다면서 욕하고 억지로 애교 부리면 나이를 생각하라면서 욕하고!"

"아하."

그렇구나. 고생이 많으시네. 마지막으로 제일 끝에 서 있던 키 큰 히어로와 인사를 하려는 순간이었다.

"예지야~ 여기 물 좀 떠다 줘! 자. 이건 PD님 거, 이건 조감독님 거, 이건 카메라 감독님 거!"

갑자기 다가와 물통 세 개를 건넨 스태프가 대답도 듣지 않고 저쪽으로 사라졌다.

"하, 귀찮게. 남자 히어로들한테는 안 시키면서 나한테만 난리야."

예지라는 히어로는 인상을 팍 쓰며 중얼거리더니 이내 순간 이동으로 사라졌다. 맙소사! 지금 히어로가 심부름을 한 거야? 저 순간 이동 능력은 심부름이 아니라 히어로 활동에 쓰여야 한다고! 다들 어마어마한 인력 낭비가 아깝지도 않나?! 의문을 가득 담고 사람들을 둘러보니 자주 있는 일인 듯 아무도 신경 쓰지 않았다. 설마 다른 여자 히어로들 능력도 저렇게 쓸데없이 낭비되고 있는 거 아니야? 나는 예능 게스트로 나와 있는 그녀들을 바라봤다. 박희진처럼 눈 아래가 반짝이는 히어로들. 반짝이 가 반짝거릴수록 다른 의문들도 생겼다.

아까 소희는 여자 히어로들은 방송 활동 때문에 화장을 한다고 했다. 남자 히어로들은 히어로 활동 을 하니까 화장을 안 한다고 했다. 근데 내가 화장 을 안 한다고 했을 때, 스태프들은 왜 나를 이상하 게 쳐다봤을까? 나도 이현수네 같은 남자 히어로들 처럼 히어로 활동을 주로 하는데.

# #

촬영이 시작되자 앞에 있는 모니터에서 영상이 나왔다. 첫 영상은 한아영이 박희진의 집에 놀러 가 는 장면으로 시작됐다. 이어지는 장면은 방어막 형 성 능력을 가진 박희진이 간식을 보고 달려드는 강 아지들을 방어막으로 막는 모습, 줄을 조종하는 능 력을 지닌 한아영이 산책 줄을 조종해 박희진 대신 강아지들을 한꺼번에 산책시키는 모습을 담고 있 었다. 난 그 압도적인 능력 낭비에 경기를 일으켜 기절할 뻔했다.

그 외에는 뭐. 아까 PD가 영상을 보면서 리액션 을 하라고 했지만, 난 딱히 할 말이 없었다. 능력이 아깝다는 생각 외에는 아무 생각도 들지 않았기 때문이다.

이런 내 반응이 마음에 안 들었는지, 종종 PD가 촬영을 멈추고 뭐라도 말하라고 외쳤다. 웃기는 녀석. 촬영 전에는 부담 갖지 말라고 했으면서 요구하는 게 왜 이렇게 많아. 나름대로 노력은 해 봤는데, 할 말을 생각하다 보면 타이밍이 지나가고 타이밍을 잡으면 할 말이 생각이 나지 않는 악순환의 반복이었다. 이 상태가 계속 이어지자 PD는 골치가 아픈 듯 쓰고 있던 모자를 벗고 머리를 긁적이며 나에게 걸어왔다.

"캡틴 허니 번 씨. 제가 그렇게 많은 걸 바라는 건 아니잖아요? 오늘 방송이 여자 히어로 특집이라 캡틴 허니 번 씨가 출연하는 걸 허락한 건데 계속 그렇게 나오시면 곤란해요. 토크를 잘 못 하시겠으면 여기 이 친구들처럼 리액션이라도 크게 해 주세요. 좀 방긋방긋 웃으시고. 화장도 안 하셨으면 웃기라도 해야지."

웃기지도 않는데 어떻게 웃으라는 거야. 진짜 이상하네. 남자 히어로들 이야기를 들어 보니 방송 촬영할 때 자신들이 지루해하는 티를 내면 바로바로 다음 토크로 넘어가거나 촬영을 좀 쉬거나 했다는데, 왜 나한테는 리액션을 강요하는 거지. 그리고 화장 이야기가 왜 나와?

"화장 이야기를 갑자기 왜 하시는지 모르겠네요. 그리고 리액션은 제가 부족한 만큼 여기 친구들이 열심히 하고 있잖아요."

그렇다. 내가 말이 없으니까 소희를 비롯한 나머지 여자 히어로들이 끊임없이 토크를 하며 오디오가 비지 않게 해 줬다. 특히 소희의 수다와 서가은의 방송용 애교가 빛을 발했다. 나머지 사람들이 잘하는데 왜 나를 못 잡아먹어서 안달이야.

"아, 얘들은 이런 걸 전문으로 하는 애들이고."

"오늘 여자 히어로 특집이라면서요. 여기 분들 연예인이 아니라 다 히어로로서 온 거 아니었어요?"

"캡틴 허니 번이 잘 몰라서 그러는 것 같은데,"

"그리고 아까부터 말이 좀 짧아지신 것 같네요."

"그건! … 하아, 미안해요, 됐죠? 여튼 촬영 열심히 좀 합시다!"

PD 놈이 신경질을 내다가 한숨을 내쉬었다. 지금 나 무시한 거 맞지? 원래 난 나를 무시하는 놈들 인생을 생략시키는 게 취미인 사람이다. 콱 저놈 인생 한번 생략시켜 봐?

자신이 갑이라도 된 것마냥 행동하는 PD를 보니 이현수네 무리가 생각나서 매우 거슬렸다. 뒤돌아 가려는 PD에게 한마디 하려고 했는데 옆에 앉아 있던 소희가 내 손을 잡고 고개를 저었다. 소희를 포함한 다른 여자 패널들은 익숙한 듯 이 상황을 흘려 넘겼다. 아니, 설마 다들 이해하지 못하는 건가? 방금 저 PD 놈은 나뿐만 아니라 너희들도 무시한 거라고. 답답해! 짜증이 났지만, 싱긋 웃기만 하는 여자 히어로들을 보니 나도 참고 얌전히 있을 수밖에 없었다.

(싱긋) 여자 히어로 특집

PD가 자신의 자리로 돌아가자 드디어 마지막 영상이 나왔다. 한 여자 히어로가 주변에서 살이 쪘다는 소리를 듣고 다이어트를 결심하게 되었다는 내용이었다. 내가 보기에는 충분히 마르셨는데 다이어트를 한다고? 영상 촬영 전부터 다이어트 중이던 히어로는 영상 속에서 아침으로 무가당 요거트를 먹고, 오전 스케줄을 소화한 후 점심으로 사과 한 쪽을 먹었다.

"저게 끝이에요? 저러다가 쓰러지겠는데?"

"무리한 방법이기는 하죠. 그런데 광고 촬영이 잡혀 있으니까 좀 무리를 해서라도 확실히 살을 빼고 싶어 하는 것 같아요."

"맞아요. 중요한 스케줄이 생기면 저런 다이어트를 해야 안심이 돼요. 저도 예전에는 운동으로 다이어트를 했는데 사람들이 원하는 몸을 만들기 위해서는 굶어야 하더라고요."

열심히 식사를 제한하던 영상 속 히어로는 고된 스케줄을 소화해 낸 그날 저녁, 참지 못하고 고기를 꺼내 들었다. 간도 하지 않은 소고기를 조금만 먹겠다며 구운 히어로는 반도 먹지 못하고 이내 포크를 내려놓았다. 인터뷰 영상에서 그 히어로는 다이어트 중인데 이렇게 먹어도 되나, 겨우 뺀 살이 다시 찌면 안 되는데, 이런 죄책감이 들어서 그만 먹었다고 했다.

"제가 보기에는 다들 충분히 날씬하신데. 이렇게 힘든 걸 하시다니 대단하세요."

진심으로 한 말이었다. 아까 차 안에서 곤약 젤리만 먹던 소희도 그렇고, 지금 여기 있는 모두 다 충분히 말랐는데 왜 저렇게 극단적인 다이어트를 하는 걸까. 난 이제껏 나 같은 사람들만 다이어트를 하며 괴로워하는 줄 알았는데, 그녀들을 보면 그렇지만도 않은 것 같았다.

대단하다는 내 말에 그녀들은 과분한 평가라며 손사래를 쳤다. 자신들은 이제 적응이 되어서 괜찮다고 말하는데, 화장이 익숙해졌다는 소희의 말과 맥락이 비슷하다는 느낌이 들었다. 연예계에서 활동하는 것도 장난이 아니구나.

"제가 아는 히어로들과는 딴판이네요. 그 사람들은 남한테 다이어트 좀 하라고 설교는 자주 하는데 본인들은 절대 살 뺄 생각을 않거든요. 어라, 그리고 보니 연예계에서 활동하는 남자 히어로들은 별로 못 본 것 같네요."

이런 내 말에 세트장에 앉아 있던 여자 히어로들은 그저 싱긋 웃을 뿐이었다.

#

촬영이 끝난 후, 여자 히어로들을 붙잡고 최수빈의 사진을 보여 줬다.

"혹시 이 히어로를 아시는 분 있으신가요?"

"어, 이거 수빈인데? 협회에서 진짜 수사하기로 한 거예요?!"

(싱긋) 여자 히어로 특집

"어쩐지! 캡틴 허니 번 씨가 갑자기 촬영에 합류
한다고 해서 짐작은 하고 있었지만요."

"별일이네. 협회가 여자 히어로에게는…."

서가은이 곱슬거리는 자신의 단발머리를 귀 뒤
로 넘기며 주위를 둘러보았다. 서가은을 따라 시선
을 돌리니 PD가 모여 있는 우리를 주시하고 있었
다. 저 새끼는 뭘 쳐다보고 난리야. 서가은은 PD와
눈이 마주치자 무표정을 지우고 빙긋 웃었다. 아니,
아까 소희도 그러더니. 여기 사람들은 왜 말을 하다
가 말고 계속 싱긋 웃기만 해? 누구 눈치라도 보나.

"수빈이에게 오늘 촬영 스케줄을 준 건 저예요."

가만히 최수빈의 사진을 바라보던 박희진이 입
을 열었다.

"조사를 하셨다면 아시겠지만 수빈이한테는 소
속사가 없거든요. 그래서 촬영 중 빈자리가 생기
면 종종 수빈이에게 연락하곤 했어요."

"수빈 씨와 가장 최근에 연락하신 게 언제인가
요?"

"이 촬영 스케줄 알려 줬을 때니까, 한 달은 넘은
것 같아요."

"혹시 수빈 씨와 친한 사람들을 아시나요?"

"글쎄요. 내성적인 편이어서 친구들은 많이 없는
것 같았어요. 저하곤 어렸을 때부터 아는 사이였
거든요. 아마 여기서 저와 제일 친할 거예요."

역시나 지인이 별로 없구나. 정확히 언제 실종되
었는지도 모르니까 곤란하다. 사건이 접수되었을

때 바로 조사했으면 좋았을 텐데. 아쉬움을 뒤로하고 내 질문에 진지하게 고민하고 있는 박희진에게 집중했다.

"그렇군요. 수빈 씨가 자주 가는 장소가 어딘지 혹시 아세요?"

"수빈이가 집 밖으로 잘 안 나와서. 아! 헬스장에 자주 다니는 걸로 알아요."

"헬스장요?"

"네. 파워 헬스클럽이라고 제가 소개해 준 헬스장인데 마지막으로 연락했을 때 매일 다닌다고 했거든요."

"저 거기 알아요!"

옆에서 가만히 구경만 하던 소희가 눈을 반짝이며 손을 번쩍 들었다. 드디어 아는 정보가 나오니 신이 난 모양이었다. 얼른 그리로 가자고 보채는 소희를 달래며 박희진과 다른 히어로들에게 도와주셔서 감사하다는 인사를 했다.

"잠깐, 소희야!"

한아영이 소희를 불렀다. 소희와 눈이 마주친 그녀는 할 말이 많은 듯 입을 달싹이다 이내 복잡한 얼굴로 말을 아꼈다. 뻘쭘하다는 표정으로 뺨을 긁적이던 한아영이 어렵게 입을 열었다.

"몸 조심해."

"당연하죠, 언니! 언니도 일 열심히 해요!"

사람들에게 손을 흔드는 소희를 데리고 촬영장을 나왔다. 소희의 말에 따르면 최수빈이 다녔다는 헬스클럽은 24시간 운영된다고 하기에 늦은 시간 이지만 바로 가 보기로 했다. 주차장에 세워 놓았던 자동차를 타면서 슬쩍 소희를 바라보니 기분이 좋은 듯 싱글벙글 웃고 있었다.

"아까 그 사람이랑 친해?"

"아영 언니요? 네, 저랑 같은 회사 소속이에요! 제가 꼭 히어로 활동을 할 거라고 하니까 허황된 꿈 꾸지 말고 일이나 열심히 하라고 타박을 많이 줬거든요. 근데 아까 언니랑 같이 수사를 한다고 말했더니 눈이 동그래지는 거 있죠? 완전 뿌듯했어요!"

"그래? 그분도 웃긴다. 히어로가 히어로 활동을 할 거라고 하는데 왜 타박을 줘?"

"헤헤, 그러게 말이에요."

"근데 넌 화장 안 지워?"

"아, 괜찮아요! 전 이 상태가 편해요!"

그게 편하다니 정말 대단해. 속으로 감탄을 하며 소희와 함께 헬스장으로 향했다.

#

헬스장은 건물 맨 꼭대기 층에 있었다. 엘리베이 터를 타고 올라가 헬스장으로 들어가니, 카운터에서 일을 하고 있던 직원분이 우리를 보며 입을 열었다.

"어서 오세요. 등록하러 오셨나요?"

"아, 그건 아니고. 혹시 여기에 최수빈이라는 사람이 가장 최근에 온 게 언제인지 아시나요?"

"무슨 일인데 그러시죠?"

"안녕하세요! 저는 히어로 김소희고 이분은 캡틴 허니 번이라고 하는데, 저희가 지금!"

여기까지 말한 소희가 주위를 휙휙 둘러보더니 직원에게 소곤소곤 말했다.

"실종 사건을 수사하고 있거든요. 최수빈 씨가 이 헬스장을 자주 이용한다는 정보를 입수해서요."

소희의 말을 듣던 직원이 잠시 고민하더니 이내 컴퓨터로 뭔가를 검색하기 시작했다.

"최수빈 회원님은 매일 나오셨다가, 한 달 전부터 오지 않으셨네요."

"한 번도요?"

"네. 회원님들이 개인 짐을 보관하는 로커 룸이 있는데, 보시겠어요?"

"정말요?! 헉! 저희가 막 봐도 되는 건가요?"

"원래는 안 되지만, 캡틴 허니 번 님은 너무 유명한 히어로시니까요. 실종 사건에 대해서는 저도 뉴스를 봐서 알고 있고요. 따라오세요."

카운터에 있던 직원이 일어나서 우리를 안쪽으로 안내했다. 그녀가 안내해 준 로커 룸은 생각보다 넓었고 그 안에는 내 키만 한 로커들이 줄지어 놓여 있었다. 바깥쪽에 있는 최수빈의 로커를 열어 준 직원에게 감사하다 말하고 안에 들어 있는 짐을 뒤지기 시작했다. 옷가지들과 수건, 물병, 운동화. 특별한 건 없어 보이는데.

"어, 이거?"

소희가 물병을 자세히 바라보았다.

"왜?"

"언니. 이거 제가 광고한 다이어트 약 패키지에 포함되어 있는 물통이에요! 짜잔! 여기 밑에 제 사진이 붙어 있어요."

심지어 한정판 사진이라며 웃는 소희를 떨떠름하게 바라봤다. 그래, 너 참 예쁘게 나왔다.

"그 약이 식이 섬유 음료수랑 같이 묶여서 판매되거든요. 광고주 쪽에서 같이 먹어 보라면서 저한테 약이랑 식이 섬유 음료수를 줬어요! 자기네 연구소에서 독자적으로 개발해서 맛있다나 뭐라나. 음료수는 정말 맛있어서 홀라당 다 마셔 버렸지 뭐예요!"

시작했네, 시작했어, 저 수다 머신. 재잘재잘 입을 쉬지 않는 소희의 수다를 노동요 대신 들으며 물건을 뒤지는데 뒤에서 직원이 머뭇머뭇거리며 우리를 바라보았다.

"무슨 일 있으신가요?"

"저기, 사실은 저희 클럽 단골 회원 몇 분들이 거의 두 달 동안 안 오고 계시거든요."

난다. 수사를 앞으로 진행시켜 줄 단서의 냄새가 난다.

"좀 더 자세히 말해 보세요."

"처음에는 일이 바쁜 건가 했어요. 그런데 너무 오랫동안 안 오시는 거예요. 로커의 짐을 찾아가라고 연락을 몇 번이나 드렸는데 아무도 받지 않으시고. 그러다가 최수빈 씨가 실종되었다는 뉴스를 봐서 너무 걱정이 돼요. 제 괜한 기우일지도 모르지만 최근 들어 안 오시는 분들이 다 여자 히어로분들이거든요…. 수사를 하러 오신 김에 이분들에 대해서도 함께 조사해 주시면 안 될까요?"

"그분들 짐도 이 로커 룸에 있나요?"

"잠시만요!"

내 말에 직원이 서둘러 로커 룸 밖으로 나가더니 뭔가가 한가득 들어 있는 바구니를 끙끙거리며 가지고 왔다. 바구니에는 이름이 적힌 커다란 지퍼 백들이 담겨 있었는데 각각의 지퍼백 안에 여러 물건이 들어 있었다.

"여기요. 따로 모아 놨어요!"

"이분들은 최소 두 달 이상 안 오신 건가요?"

"네. 오시지 않게 된 시기도 다들 이상하게 비슷해요."

"시기도 비슷하다라. 소희야."

뒤에 있던 소희에게 이것들도 조사해 보자고 말하려 고개를 돌렸는데 이 녀석이 이미 바구니에 딱 달라붙어서 물건들을 뒤지고 있었다.

"야, 그렇게 마구 뒤지면!"

"언니, 이것 봐요!"

소희가 지퍼 백에서 꺼낸 건 최수빈의 오피스텔에서 봤던, 소희가 광고하는 다이어트 약 통이었다. 이 지퍼 백뿐만 아니라 다른 지퍼 백에서도 다 이 약통이나, 약과 함께 판매되었다는 물병, 음료수가 나왔다.

난다, 이 다이어트 약이 실종 사건과 깊은 연관이 있을 거라는 냄새가 아주 수상하게 난다!

"너는 뭐 아는 거 없어?"

"글쎄요, 저는 광고만 한 거라. 으음, 이 약이 수상하기는 한데, 식약청에서 승인받았고 오프라인이나 온라인으로 쉽게 살 수 있는 약이에요!"

"아무래도 도움을 구해야겠다."

"누구한테요?"

나는 소희에게 씩 웃어 보이며 핸드폰을 꺼내 들었다.

#

"태현 씨! 밤늦게 정말 죄송해요!"

"아니에요. 요즘 빌런들이 기승을 부리고 있어서 연구소 전 팀이 비상이거든요. 다들 집에 못 돌아간 지 꽤 됐어요."

내가 연락한 사람은 다름 아닌 협회 연구소에서 일하고 있는 태현 씨였다. 맞다. 내가 방심한 틈을 이용해 케이크를 안기고 고깔모자까지 씌워 사진을 찍은 그 앙큼한 녀석이다. 공식적으로 약 성분 조사를 신청하면 결과를 보기까지 시간이 너무 오래 걸리니까 따로 태현 씨한테 카톡을 보냈는데, 이렇게 바로 답장이 올 줄 몰랐다. 아마 히어로 쪽의 인력 부족으로 연구소 사람들도 새벽까지 남아서 고생을 하고 있는 모양이었다.

연구소에 도착하니 건물 밖에서 태현 씨가 우리를 기다리고 있었다. 지상 주차장에 차를 주차하고 소희와 함께 태현 씨에게 다가갔다. 오랜만에 만난 그는 잦은 야근 때문인지 얼굴에 피곤함을 덕지덕지 붙이고 있었다. 저번에 내 사진을 찍었을 때만 해도 생기가 넘쳤는데.

"안녕하세요, 저는 이번에 지영 언니랑 같이 임무를 맡게 된 김소희예요! 여기가 협회 연구소인가요? 우와! 인터넷으로만 보던 곳을 실제로 보게 되다니 영광이에요!"

"하하, 만나서 반가워요. 저는 협회 연구부 능력 강화 팀 황태현이라고 해요."

태현 씨가 힘겹게 웃으며 우리를 건물 안으로 안내했다.

태현 씨를 따라 복도 제일 안쪽에 있는 그의 개인 연구실로 들어갔다. 능력 강화를 위해 여러 번 드나들었던 이 연구실은 약품들이 빼곡히 들어차 있는 서랍장들과 두꺼운 책들이 꽂혀 있는 책장들로 가득했다. 책상 위에는 낯선 기계가 놓여 있었다.

"저건 뭐예요? 처음 보는 거네요?"

"좋은 질문이에요! 이건 제가 개인적으로 개발 중인 물건인데, 물체의 성분을 빠르게 분석해 주는 기계예요. 일단 분석하려는 물체를 이 구멍에 투입하면 기계가 성분을 분석해 주고 이쪽 모니터에 결과가 나오게 돼요. 보통 2~3분이면 분석이 끝나죠! 잔여물들은 이쪽 구멍으로 액체가 되어서 나오게 설계했고요. 마침 여러 샘플이 필요했던 참이었어요. 아, 이 약인가요?"

"네! 헉, 근데 위험하지 않을까요? 영화에서 보면 막 마스크 같은 걸 끼고 보호 안경을 착용하고 그러던데!"

"괜찮을 거예요. 식약청 승인을 받을 정도라면 인체에 유해한 성분은 나올 것 같지 않거든요."

그렇게 말한 태현 씨는 소희에게 받은 알약을 기계에 넣었다. 약이 작아서 그런가 정말 순식간에 분석되었다. 분석표가 나온 모니터를 바라보던 태현 씨는 고개를 갸우뚱거렸다.

"예상했지만, 정말 특별한 게 없네요. 다 의약품에 자주 쓰이는 성분들이에요."

"그렇군요."

다이어트 약에 뭔가 있을 줄 알았는데, 아무것도 안 나오네. 이상하다, 내 날카로운 감이 저 다이어트 약이 수상하다고 삐뽀삐뽀 벨을 울리고 있는데. 논리적으로 설명할 순 없지만, 내 감은 단 한 번도 틀린 적이 없다고.

"그럼 이것도 봐 주실 수 있나요?!"

"이건 뭐죠?"

"그 다이어트 약이랑 같이 묶음으로 판매되었던 식이 섬유 음료수예요!"

소희에게서 받은 음료수를 가만히 바라보던 태현 씨는 이내 킁킁 냄새를 맡기 시작했다.

"제가 두 달 전쯤에 그 음료수를 마셨거든요? 근

데 저한테는 뭐 이상한 증상이 없었어요!"

"그래요?"

냄새를 맡던 태현 씨가 그 음료수를 가볍게 한 입 마셨다. 잠깐. 뭐? 마셔?

"태현 씨! 그걸 마시면 어떻게 해요!"

"하하, 소희 씨가 마셔도 괜찮았다고 하길래 저도 한번."

"아무리 그래도 조사해 달라고 가지고 온 걸!"

"괜찮아요, 지영 씨. 이 음료수도 공식적인 승인을 받았으니 마셔도 크게 문제는 없을 거예요. 그리고 이렇게 먹어 보는 것도 연구의 일종이죠!"

저 사람이 이곳에 처박혀서 연구만 하더니 살짝 맛이 갔나. 내가 경악스럽다는 표정을 짓든 말든 태현 씨는 입을 쩝쩝 다시더니 "흠, 복숭아 맛이군요!"라는 말이나 했다.

"저, 저기 정말 괜찮으세요?"

"그럼요! 오히려 맛있는데요?"

"그죠, 그죠? 저도 처음에 마셔 보고 맛있어서 놀랐어요! 아, 그 음료수 제조사에서 자기네가 독자적으로 개발한 성분이 들어 있다고 그랬는데!"

"그래요? 아주 중요한 말이군요! 일단 기계에 넣어 보죠."

태현 씨는 액체 형태로 변한 다이어트 약이 담긴 비커 대신 새 비커를 기계에 넣고 음료수를 투입구에 넣었다. 이 기계에는 자동 세척 능력이 있어서 편리하다나 뭐라나. 비커에 담긴, 이제는 투명한 녹

색의 액체가 되어 버린 다이어트 약을 바라보며 눈썹을 찡그리던 태현 씨는 비커에 코를 대고 킁킁 냄새를 맡았다.

"정말 이 약이 사건을 푸는 열쇠가 될까요?"
"글쎄요. 태현 씨, 그거는 마시면 안 돼요."

혹시나 싶어 당부한 순간이었다.

털썩!

"으악! 태현 씨!"
"괜찮으세요?!"

멀쩡하던 태현 씨가 갑자기 바닥으로 쓰러졌다. 갑작스러운 상황에 놀라 서둘러 태현 씨를 안아 들었다. 호흡 정상, 맥박 정상. 다행히 이곳에는 의료진이 상시 근무하고 있었다. 옆에서 소희가 어떻게 하냐며 손을 부들부들 떨고 있었다.

"침착해! 위층에 의료실이 있으니까 그곳으로 데리고 가자!"
"핫, 네!"
"혹시 모르니까 저 음료수 챙기고!"

나는 급하게 태현 씨를 업었다.

"어? 언니, 태현 씨 손이 움직여요!"
"그래? 태현 씨! 괜찮아요?! 정신이 좀 들어 컥!"

순식간의 일이었다. 내 말이 끝나기도 전에 태현 씨가 두 손으로 내 목을 졸랐다.

"끼아 헙!"
"소리 지르지 마. 사람들이 몰려오면 안 돼."

태현 씨에게는 안타까운 일이지만, 태현 씨가 필사적으로 내 목을 졸라도 나에겐 큰 타격이 없다. 당연한 일이다. 일반 성인 남성의 악력으로는 내게 손톱만큼도 상처를 낼 수 없다. 다만, 사람들이 몰려와 내 목을 조르는 태현 씨를 보면 어떻게 반응할지 모를 일이다. 사람들이 오해해서 태현 씨에게 피해가 가는 상황은 피하고 싶으니 가능한 내가 해결해야 했다. 태현 씨가 나한테 매달려 있는 상황이어서 일단은 업고 있던 손을 풀었다. 태현 씨를 이제 어쩌지. 힘으로 떨어트릴수는 있지만 그러다가 다치면 안 되는데!

　"언니, 이제 어떻게 하죠? 태현 씨 상태가 좀 이상해요!"
　"왜, 상태가 어떤데?"
　"눈을 뜨고는 있는데 초점이 없어요. 아무리 자극해도 반응이 없고요!"
　"반응이 없다고?"

　우리가 가지고 온 음료수와 약에 뭔가 이상한 점이 있는 건 확실하다. 지금 태현 씨를 보아하니 최면에 걸린 상태랑 비슷한 것 같은데?

　여러 의문들이 생겼다. 정말 최면에 걸린 걸까? 내 목은 왜 조르는 거지? 지금 그는 어떤 상태인 거야? 나 혼자 이 상황을 종결시킬 수 있을까? 역시 사람들이 더 필요한 걸까? 이래서 피해자 여럿을 동시에 챙겨야 하는 임무가 싫었다. 아버지는 빌런들을 체포하고 악을 없애는 것이 가장 중요하다고 가르쳐 주셨고 나는 늘 그대로 따랐지만, 실제 사건들은 그리 간단하지 않았다. 도망치는 빌런과 그에게 상처 입고 쓰러진 피해자 사이에서 어떻게 해야 하는지 고민한 적이 수백 번이다. 이런 상황을 대비하기 위해 히어로는 팀 플레이를 해야 한다고 흔히들 말한다. 하지만 난 나를 무시하는 그들과 같이 일을 하고 싶지 않다고! 젠장, 아버지 말씀에는 틀린 게 하나도 없다. 난 빌런을 체포할 수 있지만, 사람은 구할 수 없는 히어로였어!

"지영 언니!"

내 볼에서 찰싹 하는 소리가 들리자 그제서야 눈앞에 있는 소희의 얼굴이 보였다. 두 손으로 내 양뺨을 때린 소희는 나와 눈을 마주치더니 씨익 하고 웃었다.

"이제야 정신이 들어요? 언니는 한번 생각을 하면 너무 깊게 빠지는 것 같아요!"
"무슨…."

소희를 보니 헛웃음이 나오는 동시에 머리가 개운해졌다. 내가 무언가를 고민하기 시작하면 주위가 보이지 않는 타입이라는 건 알고 있었다. 하지만 훈련을 할 때도, 임무를 수행할 때도 나를 생각 속에서 깨워 줄 사람은 없었다. 처음에는 소희의 망설임 없는 행동을 보면 한숨만 나왔는데 이제는 그 행동 덕분에 내 생각이 환기된다니 참 묘하고 이상한 일이었다.

정신을 차리자 내 목이 가벼워졌다는 느낌이 들었다. 뒤를 돌아보니 태현 씨가 바닥에 대자로 뻗어있었다. 이게 무슨 일이냐는 의문을 담아 소희를 바라보았다.

"헤, 헤헤. 그게 태현 씨가 도대체 무슨 생각을 하는 건지 궁금해서 제 능력을 쓰니 이렇게 다시 기절해 버렸어요. 제가 크게 잘못한 건 아니죠?!"
"그래, 잘했어! 일단 의료실로 가자!"

태현 씨를 안아 든 후 단번에 의료실로 달려갔다.

#

생각보다 소란이 컸는지, 다른 연구원들이 문을 열고 우리를 구경하고 있었다. 크게 신경 쓰지 않으면서 의료실로 향했다. 의사분은 차근차근 태현 씨의 몸을 살펴보신 후, 큰 이상은 없고 지금은 잠을 자고 있는 거라고 하셨다. 안도의 한숨을 쉬며 태현 씨를 침대에 눕히고 옆에 있는 소파에 털썩 앉았다. 내가 앉으니 소희도 다리에 힘이 풀렸는지 내 옆에 철퍼덕 주저앉았다. 내 생각보다 더 많이 긴장했던 모양이었다.

"태현 씨가 무사해서 정말 다행이에요. 그런데 다른 연구원분들은 아무도 안 따라오시네요? 아까 보니까 다들 나와서 구경만 하시지 무슨 일이냐 물어보시지도 않고."
"여기는 원래 그래. 다들 자기 일 외에는 크게 신경을 안 써. 그나마 태현 씨가 오지랖이 넓은 편인 거야."

"아무리 그래도 같이 일하는 동료가 쓰러졌는데!"

"너도 히어로 활동을 더 하다 보면 알게 될 거야. 여기는 생각보다 동료애가 없는 곳이란다."

지금은 나라는 공통의 적이 있어서 자기들끼리 똘똘 뭉쳤지만, 원래 히어로들은 고집과 자존심이 대단한 이들이어서 개인적인 성향이 강했다. 한심한 일이다. 빌런이 아니라 같은 히어로를 적으로 삼다니. 데뷔하기 전에는 아버지와 함께 활동했던 삼촌들을 보면서 동료를 꼭 가지고 싶다고 생각했는데, 이현수 무리 덕분에 그 생각은 조용히 접어 활활 불태워 버린 지 오래다.

"그럼 만들면 되죠!"

"뭐?"

"동료애요! 언니랑 제가 서로 만들면 되잖아요."

나를 바라보며 눈을 반짝이는 소희를 보니 웃음이 나왔다.

"히어로 네임이나 받고 말하지 그래요, 히어로 '김소희' 씨?"

"고, 곧 생길 거예요! 이번 임무만 성공하면 아주 멋진 이름이 생길 거니까 기대하세요!"

"그래, 그래. 아, 네 능력은 뭐야? 아까 태현 씨한테 능력을 썼다고 했지?"

그러고 보니 그동안 소희의 능력에 대한 이야기는 들어 본 적이 없네. 내 질문에 멋쩍게 웃던 소희가 조용히 속삭였다.

"전 상대방의 마음을 읽을 수 있어요."

"뭐?"

"능력을 사용하려면 상대방의 신체에 접촉해야 하지만요."

그 말에 팔을 엑스 자로 교차해서 나 자신을 껴안고 게슴츠레한 눈으로 소희를 바라봤다.

"너 설마."

"앗, 그런 거 아니에요! 무, 물론 언니가 무슨 생각하는지 궁금해서 읽으려고 시도는 해 봤지만 단어 몇 개만 들리고 끝났다고요!"

"뭐라고?"

농담이었는데, 농담이 아니게 됐잖아? 독심술은 능력의 컨트롤 수준으로 질이 결정된다. 세세한 컨트롤로 상대방이 무의식중에 만들어 낸 마음속 방어막의 빈틈을 뚫고 들어가는 것이 독심술의 핵심이다. 참고로 정신 계열 초능력에 대한 내 방어 능력은 최상급이다. 그 어떤 수준 높은 독심술사도 내 방어막의 빈틈을 찾아내지 못했다. 그런데 소희가 그걸 해냈다고? 믿을 수가 없는데. 의심스러워하며 소희에게 내 손을 내밀었다.

"내가 지금 무슨 생각하는지 읽어 봐."

"네? 지금요?"

"어. 빨리!"

잠시 고민하던 소희는 내가 내민 손을 잡고 눈을 감았다. 어, 근데 나 무슨 생각 하고 있어야 하지? 자기소개?

(싱긋) 여자 히어로 특집

"언니는 지금 자기소개를 생각하고 있어요!"

뭐야, 잘 들리잖아! 내 마음이 들릴 정도면 다른 이들의 마음도 막힘 없이 들릴 거다.

"소희 너, 지금 네 능력이 어떤 수준인지 알고 있어?"

"글쎄요. 히어로 시험을 통과할 정도는 될 텐데. 소속사에서 제 능력은 대중에게 거부감을 줄 수 있다고 했거든요. 그래서 연예계 데뷔 이후로는 계속 숨겼어요. 연습은 하고 있었지만요!"

"맙소사! 그걸 숨기고 있었다고?"

"헉. 제가 뭐 잘못한 건가요? 역시 능력을 숨기는 건 잘못된 거겠죠?!"

"아, 아니야. 잘못한 건 아니니까 진정해!"

현재 히어로 사회는 심각한 인력난에 시달리고 있고, 독심술사는 중요한 인력이다. 하물며 내 마음을 읽을 수 있는 소희 같은 인재는 너무나도 귀중했다.

"잘 들어. 넌 네가 생각하는 것보다 훨씬 더 능력이 뛰어나! 심지어 응용도 할 수 있잖아!"

"세상에, 정말요?! 근데 저 응용이란 건 할 줄 모르는데."

"그거 별거 아니야. 아까 네가 태현 씨에게 했던 게 응용이라고! 독심술 응용을 숙달하면 마인드 컨트롤도 할 수 있어. 어마어마한 거라고!"

이런 뛰어난 능력을 가진 히어로가 연예계에서 활동을 하고 있었다니! 그쪽 업계를 얕보는 건 아니지만, 소희의 능력은 연예계가 아니라 히어로 활동에서 빛이 날 것이다. 심지어 본인도 그걸 원하잖아! 그러니까 나랑 같이 임무를 맡게 된 거 아니야?!

"네가 처음부터 히어로 활동을 했다면 벌써 그 경지까지는 가고도 남았을 텐데! 왜 연예계에서만 활동했던 거야?!"

"그건…. 계속 생각해 왔던 건데, 지영 언니는 여자 히어로에 대해서 잘 모르는 것 같아요. 그렇죠?"

"뭐?"

"탓하려는 건 아니고요. 그냥 말하는 걸 들어 보면 아무것도 모르는 것 같아서요. 여자 히어로들이 왜 연예계로 길을 돌리는지."

여자 히어로들이 연예계로 길을 돌리는 이유? 나는 지금까지 그냥 그녀들이 원해서 그렇게 하는 줄 알았는데.

소희가 내 눈을 바라보며 말했다.

"언니, 사람들이 여자 히어로들에게는 임무를 주지 않아요. 협회에서는 여자 히어로보다 남성 히어로의 임무 성공률이 높아서 어쩔 수 없다고 하는데, 그게 사실인지는 잘 모르겠어요. 히어로 활동을 하고 싶어도 임무가 없으니 아무것도 할 수가 없어서, 무엇이든 하려고 애쓰다가 연예계로 빠지게 되는 거예요. 저도 그런 경우고요. 제가 이번 임무를 겨우 받게 된 것도 소속사의 도움 덕분인데…. 언니의 상황은 아마 저하고는 달랐을

(싱긋) 여자 히어로 특집

거예요. 언니는 현 협회 회장님인 캡틴 불칸의 딸
이니까요."

소희의 말이 맞다. 나한테는 데뷔 때부터 지금까
지 임무가 없었던 적이 없었다. 아버지의 영향이 어
느 정도 있다고는 생각했는데, 설마 어느 정도가 아
니라 전부였던 건가? 히어로 사회의 남성 숫자가
여성에 비해 월등히 많다는 건 알고 있다. 내가 그
점에 의문을 표하면, 협회 사람들은 히어로 일이 힘
들고 고되니까 여자들이 버티지 못해서 도망친 거
라고 말했다. 몇몇 남은 여자 히어로들은 연예계에
서 편하게 먹고사는 애들이라고 했다. 이현수네가
매일 그렇게 말했고, 아버지도 그렇게 말씀하셨다.

아버지는 고된 훈련으로 힘들어하는 나에게 여
자라고 어리광 부리지 말라며 다그치셨고, 사람들
은 열심히 히어로 활동을 하고 있는 나를 보고 여자
애가 독하다면서 혀를 찼다. 이런 환경에서 자라면
서 난 내가 다른 여자들과 다르다고 생각했다. 히어
로 활동을 진지하게 생각하는 여자는 나밖에 없는
줄 알았다. 그런데 사실 여자 히어로들에게는 기회
조차 주어지지 않았던 거라고?

"언니가 그렇게 생각하는 것도 이상한 일은 아니
에요. 실제로 대부분의 사람들이 언니처럼 생각
하니까요. 저희 부모님도 그러셨고요."

소희가 한숨을 내쉬며 말했다.

"제가 직접 말하기는 좀 창피하지만, 저는 어렸
을 때부터 예쁜 아이였어요. 엄마는 그걸 매우 자

랑스러워하셨고요. 모두 제가 이 얼굴을 이용한 직업을 가질 거라고 말했어요. 그렇게 지내다가 중학생 때 처음 능력을 발휘하게 되었는데, 그때는 너무 기뻤어요! 사실 전 계속 히어로가 되고 싶었거든요! 히어로가 되겠다고 말했을 때, 엄마가 정말 싫어하셨어요. 애써 예쁘게 낳았더니 왜 힘들고 얼굴 상하는 직업을 가지려는 거냐고 저한테 화를 내셨죠."

그때를 생각하는 듯 소희는 잠시 우울한 얼굴로 바다를 바라봤다.

"정말 이상한 일이었어요. 동생이 히어로가 되고 싶다고 했을 때는 우리 아들이 최고라면서 응원한다고 했는데, 왜 나한테는 안 된다고 하는 걸까. 막상 초능력이 발휘된 사람은 난데. 끈질기게 설득을 하고 울면서 애원했던 것 같아요. 중학교 시절 내내 그렇게 지내니 마침내 부모님이 백기를 드셨어요. 두 분 마음이 변하기 전에 계속 준비했던 히어로 시험을 치렀어요. 한 번에 합격했을 때는 세상을 다 가진 것 같았죠…. 지금 소속사와 계약서를 작성했을 때 엄마 표정이 아직도 기억나요. 결국 이렇게 될 줄 알았다는 표정이었거든요."

소희는 그때가 떠오르는 듯 인상을 팍 썼다.

"으으, 너무 분해요! 엄마도, 연예계에서 활동 중인 언니들도 모두 히어로 활동을 하고 싶다는 저한테 허황된 꿈 꾸지 말라고 구박을 했어요. 전 그런 말을 들을 때마다 반드시 진짜 히어로가 되겠다고 다짐했거든요! 그래서 이렇게 언니랑 만나게 됐고요!"

이야기를 들으니 소희가 대단하다는 생각이 들었다. 나는 아버지가 히어로가 되라고 해서 아무런 생각 없이 히어로가 되었다. 소희는 모두의 반대에도 불구하고 계속 포기하지 않았던 거구나. 처음 봤을 때는 그저 아무것도 모르면서 히어로 활동을 하고 싶다고 말하는 철없는 애라고만 생각했는데 내 생각이 짧았다.

"그리고 언니, 사실 궁금한 게 있는데 혹시 다이어트 하세요? 아, 마음을 읽은 건 절대 절대 아니고요! 아까 촬영할 때 보니까 언니가 다이어트에 대해 관심이 많아 보여서요!"

그다지 비밀도 아니었다. 말하기 창피할 뿐. 고개를 끄덕인 순간 옆에서 신음이 들렸다.

"으으, 여기가 어디죠?"
"태현 씨, 정신이 들어요? 여기는 2층에 있는 의료실이에요!"

태현 씨가 힘겹게 자리에서 일어났다. 머리가 아픈 듯 끙끙거리던 그는 이내 내 손을 잡고 급하게 말했다.

"지영 씨! 제가 아까 마신 음료수 분석표 가지고 오셨어요?"
"여기요! 제가 챙겼어요!"
"다이어트 약 분석표는요?!"

"아, 그건 제가 챙겼어요."

소희와 내가 챙겼던 분석표들을 태현 씨에게 건네주었다. 분석표를 본 태현 씨는 이내 표정을 굳혔다.

"이거였어요, 지영 씨. 이 성분들이 문제였어요!"

"하지만 저는 마셨어도 괜찮았는데?"

"이 음료수만으로는 아무 일도 일어나지 않아요. 다이어트 약과 같이 먹어야 효과가 나타나죠! 제가 이상해진 것도 다이어트 약의 냄새를 맡고 나서잖아요. 액체 형태로 바뀌어서 냄새만으로도 효과가 나타난 것 같아요!"

태현 씨는 목이 메는지 기침을 몇 번 하다가 말을 이어 갔다.

"아까 쓰러졌을 때, 정신이 몽롱해지면서 이상한 생각이 들었어요. 머릿속에 떠오르는 장소가 있는데 이곳으로 꼭 가야 한다는 생각이 계속 들더라고요. 방해하는 이들은 반드시 공격해야 한다는 생각도요. 그러다가 흐름이 끊겼는데, 정신 차리니 의료실에 와 있었어요!"

"최면 상태랑 똑같네요. 소희가 독심술을 써서 생각의 빈틈을 뚫으니 흐름이 끊긴 거고요."

"그럼 지금쯤 많은 사람들이 최면 상태여야 하는 거 아니에요? 이 다이어트 약이랑 음료수는 쉽게 구할 수 있는데! 상태가 이상해졌거나 실종된 일반인들도 찾아서 조사를 해야 하는 걸까요?"

"아뇨. 일반인들한테는 효과가 없었을 거예요."

"그게 무슨 말이에요?"

(싱긋) 여자 히어로 특집

"… 이게 도저히 말이 안 되는 일이지만."

태현 씨가 두 개의 성분표를 내 눈앞에 들이밀더니 각 표에서 성분 하나씩을 가리켰다.

"이 두 성분은 각자 다른 특수 진정제들이에요. 이 두 성분들이 합쳐지면 강력한 최면 효과가 생긴다는 연구 결과가 있긴 한데, 이 두 가지는 절대 섞이지 않아요! 그래서 같이 먹어도 인체에는 크게 해가 없는 성분들이죠."

"설마?"

"누군가 이 성분 두 개를 억지로 합쳐지게 한 거예요. 초능력으로도 절대 합쳐지지 않는 성분들이었는데! 특수 진정제들은 초능력자들에게만 효과가 나타나게 만든 의약품이잖아요. 초능력자들만 최면에 걸릴 수 있게 일부러 여기에다가 장난질을 친 거죠! 초능력에 관련된 사건이면 경찰이 움직이지 않고, 절대 섞이지 않는 성분들로 만든 거면 식약청의 눈도 피할 수 있으니까!"

"맙소사!"

태현 씨가 하도 연구만 하는 사람이라 초능력자라는 걸 잊고 있었다! 그래서 실종된 인물들이 전부 히어로였구나. 히어로라면 초능력이 있을 테니까! 내 생각보다 사태가 훨씬 심각해졌다. 섞이지 않는 두 개의 성분을 섞었다고? 도대체 어떤 장난질을 친 건지는 모르겠지만 평범한 빌런은 아니겠지. 이건 단순 실종 사건이 아닌 수수께끼의 최면을 이용한 납치 사건이었다. 심지어 피해자는 최수빈을 포함해 최소한 네 명은 될 것이고. 어떻게 하지? 대충

이고 나발이고, 사건의 스케일이 너무 커졌는데?

"일단 태현 씨가 가야 한다고 생각했다는 장소로 한번 가 봐야겠어요. 소희야."

"네, 언니! 가시죠!"

"넌 어떻게 생각해?"

"네?"

"바로 협회에 연락하는 게 좋을까, 아니면 그 장소로 먼저 가 보는 게 좋을까."

평소대로라면 바로 가자고 했을 텐데 문득 소희의 생각이 궁금해졌다. 임무 중에 타인의 의견을 물어보는 건 오랜만이다. 내 말에 소희는 잠시 고민하더니 이내 입을 열었다.

"수빈 씨가 사라진 뒤로 아무리 시간이 많이 지났어도 이런 사건을 다룰 때는 빠르게 움직이는 게 중요하니 지금 가 보는 게 좋을 것 같아요!"

내 생각도 같았다. 의견이 통하는 기분도 정말 오랜만이다. 저절로 웃음이 나왔다. 그럼 가자고 입을 막 열려던 때였다.

띵디리리리링♬

소희의 핸드폰에서 벨 소리가 울렸다.

\#

"으앙! 언니, 저 지금 일하러 가기 싫어요!"

"그게 무슨 소리야. 이게 얼마나 중요한 스케줄인데! 죄송해요, 캡틴 허니 번!"

(싱긋) 여자 히어로 특집

"아무리 협회 광고 촬영이래도 이제야 사건의 실마리가 잡혔는데! 싫어요, 싫어요! 저 히어로 활동 할 거예요!"

"자, 자. 헛소리 하지 말고 어서 차에 올라타자! 지금 샵에 가서 세팅해도 시간 부족해! 그래도 밤 새운 것치고 피부가 괜찮네. 여하튼 정말 죄송해요! 소희가 여자 히어로로서는 처음 협회 모델이 된 거여서 이번 촬영이 무척 중요한 일이거든요!"

정말 다급해 보이기에 나는 괜찮다고 말하며 소희를 배웅했다.

"소희야, 일 잘하고 와."

"지영 언니! 혼자 임무 하러 가기 없기예요! 같이 가야 해요! 알겠죠?!"

"알았으니까 빨리 차에 타자! 그럼 저희는 이만 가 볼게요!"

소희에게 전화를 한 사람은 매니저인 경숙 씨라는 분이었다. 오늘 오전에 있을 협회 광고 촬영을 가야 한다나 뭐라나. 아마 이현수가 전에 자랑하듯 말했던 스케줄인 것 같았다. 소희는 가고 싶지 않다고 징징거렸지만 매니저분은 씨알도 안 먹힐 소리하지 말라며 소희를 억지로 밴에 태우더니 한적한 도로를 타고 휑하니 가 버렸다.

"와, 정말 정신없네요."

"태현 씨. 안에 들어가서 쉬라니까."

"그러고 싶어도 소희 씨와 매니저분이 한바탕 소동을 일으키는 바람에 연구소 사람들이 전부 밖으로 나온 상태거든요. 지영 씨도 가고 나면 저한 테 무슨 일이었냐 하고 와다다 물어볼 텐데 대답 을 해 주려면 제가 상황을 자세히 알아야 하니까 요. 저 사람들 거머리 같은 종자들이라 아무리 모 른다고 해도 떨어지질 않거든요."

태현 씨는 벌써 연구소 입구에 우르르 모여 우리 를 구경하고 있는 연구원 무리를 보면서 한숨을 쉬 었다. 이거 더 미안해지는데.

"괜히 저 때문에 고생만 하시네요. 최면에 걸리 고, 질문에 시달리고."

"아니에요. 저야말로 중대한 사건을 해결하는 데 도움을 주게 돼서 기뻐요. 그나저나 지영 씨는 어 떻게 하실 거예요? 소희 씨가 혼자 수사 진행하 지 말라고 했는데. 그래도 가 볼 거죠?"

"아뇨. 이번 임무는 소희한테 중요한 임무라서 최대한 맞춰 줄 생각이에요. 일단 사건의 스케일 이 커졌으니 협회에 가서 보고하는 것도 나쁘지 않을 것 같아요."

내 말에 태현 씨는 놀란 듯 눈을 동그랗게 떴다가 빙그레 웃었다.

"그것도 나쁘지 않죠! 그런데 평소 지영 씨 스타 일과는 다르네요. 원래 속전속결이었잖아요!"

"뭐, 소희 정도면 맞춰 줘도 괜찮을 것 같아서요. 기다리는 동안 보고서나 작성해야겠어요."

"저도 도울게요!"

"태현 씨, 일은 괜찮아요? 바쁘실 텐데."

(싱긋) 여자 히어로 특집

"전에 지영 씨도 제가 찾던 기계 부품 구해 주신 적 있잖아요. 은혜는 갚아야죠!"

오늘 도와주고 고생한 것만으로도 충분히 은혜를 갚은 것 같지만, 더 갚고 싶다고 하니 굳이 말리지 않았다. 태현 씨의 연구실로 돌아와 아버지에게 보고할 내용들을 차근차근 정리해 작성했다. 일단 이 사건이 단순 실종 사건이 아니라는 것, 다이어트 약에 들어간 특수 진정제와 관련이 있다는 것, 그리고 소희에게 상당한 실력이 있다는 것까지.

보고서를 본 아버지가 어떤 반응을 보이실지 모르겠다. 사건을 키웠다고 탐탁지 않아 하실까, 아니면 중대한 사건이니 신중한 태도로 대하실까. 아버지께 내가 사건을 담당하면 어떨지에 대해서도 여쭤 봐야겠다. 역시 난 이 임무를 완수하고 싶었다. 소희와 같이 한다면 못 할 것도 없을 것 같았다. 그래, 여자 히어로에 관한 이야기도 한번 꺼내 봐야겠다. 소희의 말이 맞다면 상당수의 여자 히어로들이 임무를 수행하고 싶어도 못 하고 있을 거다. 방송 촬영장에서 목격한 여자 히어로들의 인력 낭비에 대해서도 이야기해야지. 여자 히어로들이 히어로 임무를 잘 처리해 낼지는 모르겠지만 훈련을 시키면 쉬운 임무부터 해 나갈 수 있지 않을까.

태현 씨의 도움으로 보고서 작성은 순탄하게 진행됐다. 하지만 적을 내용이 많아서 시간이 많이 흐르고 말았다. 어느새 오전이 다 지나 오후로 넘어가고 있었다. 나야 초능력 덕분에 며칠 밤을 새워도 상관없지만 태현 씨는 상당히 피곤해 보였다. 더 돕겠다는 그를 재우고 보고서 작성을 마무리한 난 아무 생각 없이 포털 사이트에 들어갔다. 검색어 1위는 나였다.

잠깐, 뭐? 나? 내가 왜 인기 검색어에 올라? 나 또 뭐 했어?! 당황스러운 마음에 내 이름을 클릭하니 제일 위에 뜬 기사가 **[캡틴 허니 번, 충격 은퇴! 캡틴 불칸 제2의 전성기!]**

도대체 이게 무슨 소리지?! 급하게 기사를 클릭하니 아버지가 최근에 한 인터뷰가 나왔다.

기자 지금은 캡틴 불칸의 제2 전성기라고 봐도 이상하지 않을 시기죠. 캡틴 허니 번의 일을 모조리 캡틴 불칸이 하고 계신데, 지금 그녀는 휴식 중인가요?

캡틴 불칸 휴식이라기보단, 본인의 삶을 살 자유를 주고 싶었습니다. 허니 번은 언제나 히어로로서 최선을 다해 왔지만 그만큼의 불명예를 안고 산 아이죠. 아직 어린 여자아이에 불과한데, 능력을 위해 초고도비만이 될 때까지 살을 찌운 걸 볼 때마다 마음이 많이 아팠어요. 아무리 본인이 원했다고 해도, 딸이 잘못된 길로 가고 있는데 아버지로서 막지 못했다는 후회가 밀려왔습니다.

기자 이제라도 다른 길을 걷게 하겠다는 말씀이신지?

캡틴 불칸 허니 번은 은퇴시킬 생각입니다. 제

욕심으로 지금껏 그 아이를 괴롭게 한 것 같아요. 이제 평범한 사람이 되어서 다른 사람들처럼 올바른 길을 갔으면 합니다. 그게 그 아이의 행복을 위한 일이라고 믿고 있어요. 허니 번이 안고 있던 짐들은 아버지인 제가 떠안긴 것이니 제가 다 지고 갈 생각입니다.

"아버지를 만나야 해."

나도 모르게 혼잣말을 하며 서둘러 보고서를 챙겨 차에 탔다. 빠르게 협회에 도착해 엘리베이터를 타고 올라가니 비서님이 나를 가로막았다. 물론 비서님의 블로킹이 나에게 통할 리 없다. 온몸으로 나를 막아서는 비서님을 가볍게 밀어내며 회장실 문을 벌컥 여니 아버지는 한참 통화 중이었다.

"그래? 자네와 촬영을 같이 한 히어로가 허니 번의 파트너라고?"

아버지의 한마디에 상대방이 누구인지 바로 알 수 있었다. 내 파트너는 소희고, 오늘 소희와 촬영을 한 사람은 이현수니까. 이현수의 말을 듣던 아버지가 싸늘하게 식은 눈으로 날 바라봤다. 무언가 잘못된 것 같아 급하게 입을 열었다.

"회장님!"
"이만 끊지."

내가 외침과 동시에 통화를 끝낸 아버지가 눈을 나에게서 떼지 않은 채 말씀하셨다.

"허니 번, 당장 그 일에서 손을 떼. 히어로는 구해

낮으니까."

젠장, 소희가 이현수에게 다 말했구나. 히어로 사이에서는 파트너를 제외한 사람들에겐 임무에 대한 이야기를 묻지도 않고 말하지도 않는 게 보통이다. 하지만 첫 활동을 하는 소희가 이런 걸 알 리가 없지. 옆에서 이현수가 살살 꼬드기니까 아무 의심 없이 다 말해 버렸을 거다.

난 지금 아버지에게 할 말이 많았다. 이 사건을 다른 이에게 넘기는 대신 내가 진지하게 수사하고 싶다고, 여자 히어로 처우를 개선할 필요가 있다고, 내 은퇴는 또 뭔 소리냐고 말해야 했다. 하지만 너무 우습게도 난 아무 말도 할 수가 없었다. 또 이런다, 또! 난 아버지가 저런 시선으로 나를 바라볼 때면 굳어서 숨조차 제대로 쉬기 힘들었다. 마치 포식자를 마주한 피식자처럼.

"허니 번. 곧 널 은퇴시킬 생각이야."

"회장님, 전 아직 히어로 활동을 더 할 수 있어요!"

"허니 번. 아니, 남지영. 난 네 아버지로서 널 위한 최선의 길을 찾기 위해 노력해 왔다."

"예?"

"그래서 정말 수많은 고민 끝에 너에게 다이어트를 권했던 거야. 이 사회에서 뚱뚱한 여자는 절대 행복해질 수 없으니까. 내가 이런 걱정을 하는 동안 넌 뭘 했지? 제멋대로 가지고 온 임무에 휘둘려서 아무것도 못 하고 있지."

아버지의 말이 쿡쿡 나를 찔렀다. 나도 계속 고민

하고 있던 문제였다. 난 다이어트와 임무를 병행할 자신이 없었고, 둘 중 하나를 포기해야 했다. 아버지는 친절하게도 내가 포기해야 할 게 무엇인지 알려 줬지만, 난 그걸 놓고 싶지 않았다.

"제일 급한 건 네 다이어트야. 지금은 은퇴를 하고 살을 빼는 것에만 집중해라."

어마어마한 죄책감이 나를 압박했다. 아버지는 날 위해서 말씀해 주시는데, 난 임무를 놓고 싶지 않다는 이유로 아버지의 마음을 외면하려 했으니까.

그래, 아버지가 나에게 해가 되는 말씀을 하실 리가 없어. 아버지는 언제나 진실만 말씀하시는 분이니까. 그 진실은 때때로 날 너무 아프게 하지만 항상 옳은 길로 날 이끌어 주니까, 이번에도 그를 따르면 된다. 하지만 마음 한쪽에서는 계속해서 의심이 생겼다. 다이어트에 성공하면, 소희나 다른 여자 히어로들처럼 날씬해지면 행복해질 수 있는 걸까? 그녀들은 행복한가? 그럼 지금 난 불행한 걸까?

"지영아. 더 이상 혼자 희생할 필요 없다. 네 행복을 최우선으로 생각하는 이 아빠가 있잖니."

나를 다정하게 부르는 아버지의 목소리가 의심을 녹여 버렸다. 나는 결국 고개를 끄덕이고 말았다.

\#

나도 모르게 다리를 덜덜 떨었다. 중간 보고서를 작성해야 하니 화보 촬영이 끝나고 괜찮으면 사무실에서 만나자고 소희에게 카톡을 보냈다. 소희는 내 전용 사무실이 궁금했다며 무척 좋아했다. 사실 중간 보고서는 핑계고 소희와 단둘이 있을 상황을 만든 후 이야기를 꺼낼 생각이었다.

가만히 기다리자니 혀가 바싹바싹 말랐다. 어떻게 말해야 소희가 빠르게 수긍할 수 있을지 고민하고 있는데 문이 벌컥 하고 열렸다.

"언니!"

"와, 왔어? 여기 앉아!"

"와! 여기가 랭킹 1위의 사무실이군요!"

소희가 두리번거리며 소파에 앉았다. 말만 사무실이지 이곳은 그냥 작은 휴게실이었다. 히어로 코스튬을 갈아입거나 보고서를 작성할 때 쓰라고 협회가 제공한 좁은 공간에 불과했다. 그래도 마냥 신기한지 감탄을 하는 소희를 바라보며 침을 꿀꺽 삼키고 입을 열었다.

"화보 촬영은 어땠어? 지금 저녁이니까 좀 늦게 끝난 거지? 옷도 갈아입었네?"

"사실 사건이 자꾸 떠올라서 집중하기 힘들었어요! 헤헤, 코스튬을 그대로 입고 갈까 고민했는데 왠지 언니도 사복을 입고 있을 것 같아서 갈아입었어요. 텔레파시가 통했네요! 자, 그럼 바로 중간 보고서를 쓸까요? 후딱 쓰고 다시 수사에 들어가요!"

보고서 이야기부터 나오는 상황을 피해 보려고 화보 이야기를 먼저 꺼냈는데 흥분한 소희는 와다

(싱긋) 여자 히어로 특집

다 말을 쏟아 내더니 마지막에 돌직구를 날려 버렸다. 으으, 긴장하지 마. 남지영! 난 잘못한 거 없잖아?! 나를 향해 해맑게 웃는 소희를 보고 있자니 양심이 찔렸지만 할 말은 해야 했다.

"소희야, 협회 측에서 말이야? 이번 사건을 보고 하니 스케일이 커졌다고 생각을 했나 봐."

"네?"

"그래서 이런 임무에 전문인 히어로들로 다시 팀을 짜서 수사를 진행할 거라고 하더라고."

"그렇군요! 이번에 같이 수사할 히어로들은 벌써 정해진 건가요?!"

"그게 우리는 팀에서 제외됐는데."

"네?"

"아, 아무래도 너는 수사를 처음 해 보고! 이번 사건은 내가 평소에 맡던 임무랑 성격이 다른 사건이니까 협회에서 우리 둘을 제외하기로 했나 봐! 그래도 너무 걱정하지 마. 내가 금방 다른 임무를 가지고 올게!"

"언니 말은, 우리는 이제 이 사건을 수사할 수 없다는 거예요? 협회의 명령으로?"

"명령이라기보단 가장 효율적인 해결을 위한 결정이지!"

소희의 표정이 가라앉았다. 내가 한 말을 곱씹어 보는지 아무 말 없는 소희를 보니 머리가 핑핑 돌아갔다. 소희가 실망하리라는 건 알고 있었지만 그 모습을 이렇게 직접 보게 되니 너무 미안하고 당황스러웠다. 방송에서든 실제로든 거의 웃거나 호들갑스러운 얼굴만 봐서 그런가 무표정이 낯설기도 했고.

"언니, 이건 아닌 것 같아요. 이 사건은 우리가 맡아야 해요!"

"어? 물론 처음부터 우리가 수사했던 사건이니까 이렇게 손을 떼는 게 싫을 수 있지. 하지만."

"갑자기 통보받아서 싫은 게 아니에요! 연예계 활동을 하는 동안 하던 일을 뺏긴 적은 수없이 많았어요!"

소희의 얼굴이 구겨졌다. 입술을 깨물던 그녀가 이내 내 눈을 똑바로 보면서 말했다.

"왜 다이어트 약이었을까. 언니는 그 생각 해 봤어요?"

"뭐?"

"왜 하필 특수 진정제가 다이어트 약으로 위장되었고, 피해자들은 다 여자들이었을까. 생각해 본 적 없어요, 언니는?"

소희의 말에 조용히 눈만 깜박일 수밖에 없었다. 최면 약과 초능력자들. 다이어트 약과 여자들. 초능력자들을 노리고 만든 최면 약. 여자들을 노리고 만든 다이어트 약. 네 개의 키워드가 내 머릿속을 헤집었다.

"이 약은 초능력자 전체를 노리고 만든 게 아녜요. 초능력자인 여자들을 노리고 만든 거지! 특히 다이어트에 절박한 여자 히어로들을! 언니, 제가 말했잖아요. 협회는 그동안 여자 히어로들을 차별하고 우리를 없는 존재로 취급했다고요! 전 협

회가 이 사건의 피해자들에게 공감하고 책임감
을 느끼면서 수사를 할 거라고 생각하지 않아요.
이건 우리가 해결해야 돼요!"

"소희야, 오해야. 확실히 협회가 그동안 여자 히
어로들에게 신경을 못 쓴 건 맞아. 근데 그건 전
력 면에서 더 도움이 되는 남자 히어로들을 지원
하다가 어쩔 수 없이 했던 실수일 뿐이야! 이참에
회장님께 내가 말씀드릴게. 그리고 임무 문제는,
일단 협회의 히어로가 됐으면 협회의 명령에 따
르는 게 맞는 거야."

"그럼 언니만 빠져요! 저 혼자서라도 수사할 테
니까!"

소희의 말에 나도 모르게 실소가 나왔다.

"내가 그만두면 너도 그만둬야지, 네가 혼자 남
아서 뭘 할 수 있어?"

"언니. 지금 저 무시하는 거예요?!"

"그런 의도가 아니라!"

"무시하는 거 맞잖아요! 제가 히어로 활동을 할
거라고 말할 때마다 사람들이 뭐라고 했는지 알
아요? 딱 언니처럼 말했어요. 네가 혼자 뭘 할 수
있냐고! 어리고 약한 여자애가 뭘 하겠냐면서 절
무시했다고요!"

소희가 정말로 화가 난 듯 목소리를 높였다. 나
역시 어이가 없었다.

"무시가 아니라 넌 정말 아무 경험도 없고, 힘도
없고, 전투용으로 쓸 수 없는 초능력만 갖고 있잖

아! 다른 히어로들 사이에 억지로 끼어서 네가 뭘 할 수 있는데!"

"언니가 나에 대해 뭘 알아요! 내가 뭘 할 수 있는지 없는지 어떻게 아냐고요!"

"방송국에서 그깟 PD 놈한테 제대로 항의도 못 하는 걸 뻔히 봤는데! 전에도 말했지만 협회 히어로들은 다들 자기만 생각하는 놈들이야. 자기 이익을 위해서 널 어떻게든 발라먹으려고 달려들 놈들이 수두룩하다고! 그 속에서 네가 버틸 수 있을 것 같아? 방금만 해도 촬영하면서 이현수한테 임무에 대해 전부 다 말했지? 그게 회장님 귀에 들어가서 지금 우리가 잘린 거라고, 알아?! 히히어로가 되고 싶어 하면 뭘 해. 히어로들이 어떤 족속인지 넌 아무것도 모르잖아!"

내 외침에 소희는 입을 꾹 다물었다. 이렇게까지 흥분할 생각은 아니었는데. 잠시 진정하기 위해 한숨을 푹 쉬며 머리를 헝클었다.

"하아, 진짜 미안한데. 히어로고 나발이고 다 떠나서, 혼자 행동하다가 빌런이라도 만나면 어떻게 할 건데? 독심술로 싸우려고?"

소희는 고개를 푹 숙이고 바닥만 쳐다보고 있었다. 나는 그녀의 정수리를 보면서 다시 한번 한숨을 내쉬었다.

"제발 철없는 소리는 그만하고, 임무에 대해서는."

"전 독심술로 정보를 수집할 수 있어요."

(싱긋) 여자 히어로 특집

"뭐?"

내 얘기를 끊고, 소희가 말을 이어 갔다.

"수집한 정보가 진실인지 아닌지도 판별할 수 있어요. 숨기고 있는 정보가 있다면 캐낼 수 있고, 기억나지 않는다고 해도 억지로 끄집어낼 수 있어요. 아, 그리고 최면에 걸린 사람들도 구할 수 있겠네요."

소희는 자신이 할 수 있는 일들을 차례로 말했다. 주먹을 쥐고 있는 그녀의 손이 바르르 떨렸다.

"확실히 전 약하고, 경험이 없고, 강자 앞에서는 할 말을 못 하기도 해요. 그래도 전 제 장점을 이용해서 저만의 방식으로 히어로가 될 수 있어요. 임무를 하는 중에 빌런을 만나거나, 혹은 같은 히어로가 절 이용하려고 들면, 제 부족한 점을 동료가 채워 줬으면 했어요."

소희가 고개를 들었다. 눈에 살짝 눈물이 고여 있었다.

"그 동료가 언니이길 바란 건 제 욕심이었나 봐요. 언니는 절 동료라고 생각하지 않는데."

이번에 말문이 막힌 건 나였다. 생각지도 못한 말에 난 멍하니 소희를 바라보기만 했다.

"중간 보고서 쓸 필요 없는 거죠? 그만 가 볼게요."

나를 슬픈 눈으로 바라보던 소희는 사무실 밖으로 나갔다. 소희가 나가자 몸에 잔뜩 들어가 있던 힘이 빠져 소파에 늘어지고 말았다. 으으으! 머리를 마구 형클었다. 아까 내가 한 말의 모순들이 차곡차곡 생각났기 때문이었다. 그런 말을 하려던 게 아니었는데! 그런 말을 듣고 싶었던 것도 아니었는데!

"오늘은 망했어. 전부 다 망했어."

정말 최악의 하루다.

(싱긋) 여자 히어로 특집

3. (불끈)
삶의 무게

\#

이건 말이 안 돼요! 어떻게, 어떻게 임무에서 손을 떼라고 할 수 있는 거죠! 이건, 이건 너무나도!

"부조리하다고!"

"소희야, 진정해."

"그래. 협회가 그러는 게 한두 번이야?"

지영 언니와 그렇게 싸우고 3일이나 지났지만 화가 가라앉질 않았어요! 분을 못 이겨서 한참을 씩씩거리고 있는데 옆에 있던 아영 언니와 희진 언니가 혀를 쯧쯧 찼어요. 오늘은 저희 셋이 같이 화보 촬영을 해서, 제 밴을 타고 함께 집으로 돌아가고 있답니다.

"난 이럴 줄 알았어. 김소희 너, 이번엔 진짜 연예계 일에나 집중해."

"아영 언니는 아무것도 몰라요!"

지영 언니도 너무해요! 아직까지 연락도 하나 없고! 최소한 미안하다는 말은 할 줄 알았는데! 먼저

(불끈) 삶의 무게

카톡을 보내 볼까 고민이 엄청 되지만 제가 잘못한 건 없잖아요! 오히려 전 피해자 아닌가요?! 제 투정에 희진 언니가 정말 걱정된다는 얼굴로 저를 바라봤어요.

"수빈이는 무사히 찾을 수 있는 거겠지?"

"그, 그건 당연하죠!"

그러고 보니 제 입장만 생각하느라 피해자인 수빈 씨를 잊어버리고 말았어요. 무엇보다 중요한 건 수빈 씨를 무사히 찾아내는 건데 말이에요. 지영 언니 말대로 수빈 씨를 위해서라면 경력이 많은 다른 남자 히어로들이 이번 임무를 맡는 게 더 나을지도 몰라요. 아, 이렇게 생각하니 너무 억울하네요. 나도 잘할 수 있는데. 나도 수빈 씨를 찾기 위해 최선을 다했는데!

"다들 촬영 끝나도 멀쩡하네? 난 피곤해 죽겠다. 자, 일단 소희네 집엔 다 왔어."

운전 중이던 경숙 언니가 말을 마친 순간이었어요.

끼이익!

이상한 소리를 내며 차가 갑자기 급정거를 하는 게 아니겠어요?!

"으악! 뭐야, 왜 이래?!"

경숙 언니는 당황해하며 차에서 내렸어요. 정말 이상하네요. 아무 장애물도 없는 지하 주차장에서 차가 갑자기 멈추다니.

"다들 다친 곳은 없어?"

"으으, 안전벨트 없었으면 큰일 날 뻔했어요!"

희진 언니의 물음에 답하며 창문을 열고 고개를 내밀었어요.

"경숙 언니, 차는 괜찮아요?"

"이상하다, 차에는 이상이 없는데."

"뭐에 부딪힌 건 아니죠?"

"설마 이렇게 아무것도 없는 곳에서?"

"타이어에 구멍이라도 난 거 아니에요?"

다들 제가 연 창문 쪽으로 모인 그때였어요. 운전석이 열리고 언제 접근했는지 모를 사람이 타는 거 아니겠어요?

"깜짝이야!"

"누, 누구세요?"

"경숙 언니, 아는 사이에요?"

온통 검은 옷을 입고 머리카락과 얼굴 전체를 가리는 가면을 쓴 괴한은 아무 말도 없이 저를 바라봤어요.

"타깃을 확인했습니다. 바로 출발하겠습니다."

무감각하게 중얼거린 괴한은 이내 차를 운전해 지하 주차장 출입구를 향했어요. 깜짝 놀라서 바깥에 있는 경숙 언니를 바라보니 언니도 정말 놀랐는지 눈을 크게 뜨고 저희를 바라보다가 이내 자동차를 쫓아서 달리기 시작했어요.

"야, 야 이 새끼야! 우리 애들 내놔! 당장 차 멈춰!"

(불끈) 삶의 무게

"헉! 이, 이거 납치예요! 당장 차 세워요!"

"말한다고 듣겠냐?! 다들 속도 붙기 전에 차에서 내려!"

"잠깐만! 꺄아아악!"

희진 언니가 비명을 지른 순간이었어요. 닫혀 있던 차 문이 저절로 열리더니 희진 언니와 아영 언니가 차 밖으로 튕겨 나가는 게 아니겠어요! 둘을 튕겨 낸 뒤 차 문은 다시 저절로 닫혔고, 차는 속도를 내 도로를 타기 시작했어요. 정말 순식간에 일어난 일이었어요.

"언니! 희진 언니, 아영 언니! 당신 뭐예요!"

일단 차부터 세워야겠다는 생각이 들어서 운전석으로 달려들었어요. 그러자 괴한이 저에게 무슨 스프레이를 뿌리지 뭐예요? 정말 부끄럽게도 저는 순식간에 정신을 잃고 말았답니다.

\#

문득, 지영 언니가 했던 말이 떠올랐어요.

[독심술 응용을 숙달하면 마인드 컨트롤도 할 수 있어.]

언니, 마인드 컨트롤이란 게 셀프로도 되는 거였나요?!

이렇게 생각한 건 괴한이 목적지에 도착하기 전에 제가 먼저 정신을 차렸기 때문이에요. 독심술을 계속 연습한 덕분이 아닐까요? 만약 평소에 연습해 두지 않았다면 정신을 차리지 못하고 그대로 끌려

갔겠죠? 으으, 상상도 하기 싫어요.

슬쩍 눈을 떠 상황을 살펴보았어요. 차는 멈추지 않고 계속 달려가고 있었어요. 누가 추가로 탄 것 같지는 않았고요. 육탄전에는 자신 없지만 이대로 당할 수는 없는 노릇이죠. 차가 멈추면, 아니 멈추면 너무 늦을 거예요. 속도가 조금이라도 늦춰지면 바로 운전석으로 돌진해서!

이렇게 생각하는 순간 차가 우회전을 하더니 덜컹거리기 시작했어요. 포장된 도로를 벗어난 건지 속도가 많이 느려졌어요. 바로 지금!

"이얏!"

앞도 보지 않고 바로 괴한을 향해 몸을 날렸어요. 운전석 근처에 쓰러졌으니 그나마 운이 좋았어요. 일단 차를 세우고, 괴한의 몸에 손을 대서 도대체 무슨 속셈인지 읽어 볼 생각이었어요.

"어, 어라? 이봐요!"

제가 능력을 쓰자마자 실이 끊긴 마리오네트 인형처럼 바로 정신을 잃을 줄은 전혀 예상 못 했지 뭐예요. 헉, 자동차를 멈춰야 하는데! 운전석 옆에 있는 레버를 급하게 당기자 차가 멈췄어요.

"사, 살았다."

평소에 경숙 언니가 운전하는 걸 봐 둬서 정말 다행이에요. 일단 정신을 잃은 괴한을 운전석에서 떼어 놓았어요. 정말 정신을 잃은 게 맞는 거야? 조심스럽게 가면을 벗겨 보니,

(불끈) 삶의 무게

"수빈 씨?"

왜 여기에 사진으로만 봤던 수빈 씨의 얼굴이?! 이게 무슨 상황인 거죠? 분명 수빈 씨는 다이어트 약을 먹고 최면에 빠져서 어딘가 갇혀 있을 거라 생각했는데. 잠깐!

"그럼 범인이 수빈 씨한테 최면을 걸어서 날 납치하라고 시킨 건가?!"

태현 씨도 최면 상태에서 저랑 접촉했다가 기절했잖아요. 수빈 씨도 그래서 제가 능력을 쓰자마자 정신을 잃은 것 같아요! 그럼 근처에 수빈 씨에게 최면을 건 범인이 있는 걸까요? 주위를 둘러봤지만 논들과 한산한 도로밖에 보이지 않았어요. 여기가 도대체 어딘 거죠? 범인에게 들키기 전에 도망치는 게 좋을 것 같은데, 아무리 경숙 언니가 운전하는 걸 옆에서 지켜봤다고 해도 제가 운전을 하는 건 무리였어요.

잠시 고민하던 저는 쓰러진 수빈 씨를 업고 자동차에서 나왔어요. 어떻게 될지 모르겠지만, 일단 이곳을 벗어나는 게 좋을 것 같아요. 아까 쓰러졌을 때 잘못됐는지 핸드폰 전원이 켜지지 않는데, 이런 상황에서 할 수 있는 일은 뛰어서 도망치는 것뿐이에요!

"헉, 헉 내가 너무 쉽게 생각했나!"

수빈 씨를 업은 지 얼마 되지 않아 숨이 턱 끝까지 차올랐어요. 제가 나름 체력에는 자신이 있는데 말이에요. 중학생 때는 체력 검사 기록이 항상 최상위권이었거든요.

그러고 보니 히어로로 데뷔하고 나서 계속 무리한 다이어트를 했죠. 수빈 씨를 받친 손이 파르르 떨리기 시작했어요. 아직 논길을 다 벗어나지도 못했는데. 다이어트를 위해 아무것도 먹지 않은 게 후회됐어요.

딱히 히어로 활동을 하고 싶었던 건 아니었습니다.

그런데 제 기운이 떨어졌다는 것보다 더 슬픈 사실이 있어요.

연예계에서 활동해 보지 않겠냐는 희진 언니의 권유에 가벼운 마음으로 협회의 히어로 시험을 준비했습니다.

정신을 차리느라 저도 모르게 썼던 제 능력이 이제는 마구 날뛰고 있다는 거죠.

전 희진 언니의 도움으로 아슬아슬하게 시험에 합격했고, 곧바로 방송국 근처의 오피스텔에서 살게 되었습니다. 하지만, 연예계는 제가 생각했던 것보다 더 혹독한 곳이었습니다.

제 머릿속에 수빈 씨의 기억과 생각들이 계속 흘러들어 왔어요.

(불끈) 삶의 무게

사람들에게 그렇게 세세하게 제 몸을 평가당한 건 처음이었습니다. 그들은 제 얼굴과 팔뚝, 뱃살, 허벅지, 종아리를 평가하고 비웃고 난도질했습니다.

으으, 들어오지 마! 가뜩이나 기운 빠지는데 들어오지 말라고!

가장 힘들었던 건, 저를 대놓고 욕하는 말보다 조용한 그들의 비웃음이었습니다. 하루는 방송에서 옷 사이즈가 어떻게 되냐는 질문을 받았고 옆에 있던 희진 언니는 44를 입는다고 했습니다. 전 66을 입습니다. 제 대답에 다들, 수빈 씨 그렇게 안 보이는데 한 덩치 한다며 웃었습니다. 희진 언니를 제외한 모두가 저를 보며 웃었습니다. 전 웃기지 않았지만, 방송이니까 웃으라는 PD의 압박에 웃어야 했습니다. 제가 웃자 희진 언니도 억지로 웃었습니다. 그날 이후 전 다이어트를 하게 되었습니다.

제가 다이어트 약을 먹어야겠다고 결심한 건, 몸무게를 50kg까지 빼고 나서였습니다. 그 이하로는 아무리 노력해도 살이 빠지지 않아서 같은 헬스장에 다니는 여자 히어로분께 약을 추천받았습니다. 약을 먹기 직전까지 많이 망설였습니다. 약으로 살을 빼면 부작용이 온다는 말을 자주 들었기 때문입니다. 하지만 살이 찌면 또다시 맞게 될 비난의 화살과 비웃음들이 너무 무서웠던 전 몸무게를 확실하게 40kg대로 만들자고 결심하고 약을 사게 되었습니다. 이 약을 먹고 더 날씬해지면 부디, 사람들이 제 외모를 평가하지 말아 줬으

면 좋겠습니다.

수빈 씨의 기억들을 보니 제가 연예계에 막 데뷔했을 때 받았던 악플들이 떠올랐어요. 특히 제 몸을 비하하는 말들이요. 몸에 비해서 다리가 두껍다, 어깨가 넓다, 팔뚝 살이 많다. 제가 다이어트를 한 뒤 저체중이 되고 나서야 다들 예쁘다고, 날씬하다고 그러더라고요. 최저 몸무게를 찍었을 때는 너무 말라서 징그럽다는 소리도 들었어요. 정말 이상하지 않나요? 정상 체중인 전 뚱뚱하다 하고 저체중이 된 전 징그럽다고 하니.

그때 생각을 하니 살짝 눈물이 고였어요. 하지만 아직은 울 수가 없잖아요. 지금 수빈 씨를 지탱하고 있는 건 저니까요! 풀리려는 다리에 힘을 주며 겨우 도로 쪽으로 나오니 저 멀리서 차 한 대가 달려와 제 근처에서 멈췄어요. 곧 히어로 코스튬을 입은 사람들이 우르르 내려 이쪽으로 다가왔어요.

"소희야, 괜찮니? 신고 받고 왔어! 맙소사, 예쁜 얼굴 상한 것 좀 봐!"
"라움!"

맨 앞에 있던 남자가 비틀거리는 저를 지탱해 주었어요. 라움은 랭킹 3위에 올라 있는, 저도 잘 아는 히어로였어요. 몇 번 촬영을 같이 했거든요. 다행히 언니들이 바로 신고를 해 줬나 봐요. 안심하려던 찰나였어요.

(불끈) 삶의 무게

'이래서 여자들은 안 된다니까. 제대로 하는 게 없어요. 저년한테는 다시 세뇌를 해야 하잖아. 귀찮게.'

갑작스럽게 들리는 생각에 화들짝 놀라 한 걸음 뒤로 물러났어요. 라움은 상냥하게 웃으며 저를 바라보다가 이내 깨달았다는 듯 입을 열었어요.

"그래, 우리 소희. 능력이 독심술이라고?"

그 말을 듣자마자 수빈 씨를 업은 채 반대편 길로 도망쳤어요.

말도 안 돼. 라움이 이 일에 관련이 있는 사람이라니! 그는 히어로 협회의 핵심 히어로 중 한 명이란 말이에요!

"뭐 해! 잡아!"

뒤에서 저를 쫓아오는 소리가 들리자 심장이 거세게 뛰기 시작했어요. 잡히면 어떻게 되는 거지? 나는? 수빈 씨는? 최선을 다해서 달렸지만, 저를 쫓아오는 소리는 점점 가까워졌어요.

"괜히 체력 낭비하지 말고 순순히, 으악!"

처음 보는 남자 히어로가 제 어깨를 덥석 잡은 순간이었어요. 그가 갑자기 뒤로 튕겨 나가 따라오는 남자 히어로들과 부딪히더니 다들 우당탕 넘어지지 뭐예요?

"달려요."

어느새 정신을 차린 수빈 씨가 조용히 속삭이며 능력을 연달아 사용하고 있었어요. 뒤따라오는 남자 히어로들을 염력으로 밀어낸 수빈 씨는 힘겨운지 거친 숨을 몰아쉬며 가슴을 쥐어 잡았어요.

"할 수 있는 게 이것밖에 없어서 죄송해요."
"아니에요, 수빈 씨! 너무 고마워요!"

힘들어하는 수빈 씨를 보는 순간 어디서 그런 힘이 솟구쳤는지, 저는 수빈 씨를 단단히 업고 그 어느 때보다도 빠르게 달리기 시작했어요. 이 사람을 구해야 한다는 사명감과 난 혼자가 아니라는 든든함이 가슴에 차올랐어요. 마치 내가 진정한 히어로가 된 것 같이!

"어딜!"
"아악!"

그런 마음이 들기 무섭게 라움이 제 앞으로 순간이동을 해 제 머리카락을 움켜잡았어요.

"이 귀여운 것들. 너희가 끝까지 도망칠 수 있을 것 같았어?"
"이것 놔!"

어느새 따라온 다른 남자 히어로들이 제 뒤에 업혀 있던 수빈 씨를 빼앗아 갔어요. 라움의 손아귀에서 어떻게든 빠져나오려고 발버둥 쳤지만 제 힘으로는 불가능했어요. 수빈 씨는 힘겨운지 눈을 뜨지도 못하고 있는 상황이었어요. 분해, 너무 분해요. 수빈 씨만큼은 구해야 하는데! 제 무력함이 너무 한심해서 눈물이 고였어요.

라움은 제 머리를 위로 확 올려 눈을 마주치고는 말했어요.

(불끈) 삶의 무게

"울어? 기집애들은 꼭 이런다니까~ 조금만 힘들면 바로 울어~"

라움이 제 머리를 흔들며 낄낄거렸어요. 옆에 있던 다른 남자 히어로들도 따라 웃었어요. 억울함과 비참함에 입술을 꽉 깨물었어요. 저런 사람이 히어로라니. 내가 꿈꾸던 최상위권 랭커라니! 지영 언니가 했던 말이 떠올랐어요. 넌 히어로들을 모른다던 말이. 그 말은 반은 맞고 반은 틀렸어요. 전 히어로들을 알고 있었어요. 이익을 위해서 동료들도 이용하는 그들을. 제가 너무도 원하는 히어로 네임을 쉽게 가져간 그들을. 절 보고 임무 수행도 안 하고 편하게 산다며 빈정거리던 그 사람들을. 나를 비웃던 그 히어로들을!

하지만 이들을 부정하면, 제가 꿈꾸던 히어로는 어디에서 찾아야 하는 거죠?

라움은 버둥거리는 저를 차가 있는 곳으로 질질 끌고 갔어요.

"으윽! 놓으라고!"
"하, 씨발. 주제에 반항을 하네? 소희야, 자리를 보고 까불어야지. 어? 오빠 화나게 하지 말고~"
"그거 안 놔!"

갑자기 들리는 목소리에 모두들 고개를 돌려 도로 끝 쪽을 쳐다봤어요. 저 멀리서 연기를 휘날리며 무언가가 가까이 다가오고 있었어요.

"저, 저게 뭐야?"

누군가의 물음에 이어 무언가의 형상이 눈에 들어왔어요. 평소와는 다르게 흐트러진 똥머리. 급하게 왔는지 한쪽만 착용한 장갑. 흩날리는 치맛자락. 내가 사랑하는 노란색 코스튬.

"허, 허니 번?!"

"뭐? 허니 번?! 너 일루 와, 이 새끼야-!"

우렁찬 외침과 함께 엄청난 속도로 달려온 지영 언니는 멈추지 않고 라움에게 몸통을 들이박았어요. 라움은 마치 달리는 차에 부딪힌 것처럼 허공에 붕 뜨더니 저 멀리에 철푸덕 하고 떨어졌어요. 정말 이상하게도 그 긴박한 상황이 저에게는 슬로우 모션인 듯 느리게 흘러갔어요. 이빨이 몇 개 빠진 채 허공을 날고 있는 라움과 그런 모습을 경악하는 표정으로 바라보는 남자 히어로들. 힘겹게 눈을 뜬 수빈 씨, 그리고.

"소희야, 괜찮아?!"

세상 그 어떤 빌런이라도 무찌를 내 꿈! 내 히어로가 저를 바라보고 있었어요.

"캡틴 허니 번!"

지영 언니를 보자마자 참았던 눈물이 주르륵 흐르기 시작했답니다.

#

"소희야, 자니? 내가 톡을 보내는 건 다름 아니고… 으으, 아니야. 이게 아니야!"

(불끈) 삶의 무게

소희에게 사과하기 위해 구구절절 썼던 톡들을 죄다 지우고 침대에 엎어졌다. 아아, 사과는 어떻게 해야 하는 거야? 벌써 3일이나 지났으니 이미 사과하기에는 너무 늦은 것 같지만. 지금까지 내 인생에 싸움은 있었을지언정, 사과와 화해라는 건 없었다고! 어떻게 해야 할지 모르겠단 말이야!

난 소희와 나눈 대화를 계속해서 떠올렸다. 그때는 아니라고 부정했지만 인정해야 했다. 난 그동안 소희를 무시하고 있었다. 아직 어리니까, 힘이 없는 여자 히어로니까. 나 없이는 아무것도 못 할 거라고 생각했다. 소희의 말처럼 히어로에겐 전투 능력만 중요한 게 아닌데. 소희는 자신만의 장점을 가진 히어로인데. 어리고 여자라는 이유로 나를 무시하는 놈들이 싫다고 그렇게 말하고 다녔으면서, 정작 내가 누군가를 무시하다니. 난 모순덩어리야.

여자 히어로들이 답답하다고 여겼던 것도 취소다. 나도 아버지가 노려보면 굳어서 아무 말도 못하는데, 나한테 그녀들을 답답해할 자격이 있을까? 생각해 보니 다 모순뿐이네. 더 이상 미루면 안 되겠어. 오늘 반드시 사과하고 용서를 구한다!

아영 씨의 전화를 받은 건, 내가 각오를 하고서도 카톡을 썼다가 지우는 행위를 열세 번째 반복하고 있을 때였다.

[캡틴 허니 번! 완전 급해요! 소희가 납치당했어요!]

납치라고? 소희가 그런 일을 당할 만한 이유라면

딱 하나잖아! 아영 씨에게 대충 설명을 들은 난, 급하게 코스튬을 챙겨 입고 소희의 아파트로 출동했다. 그곳에서는 방송국에서 만났던 두 히어로들이 날 기다리고 있었다. 초조해하는 그녀들을 급하게 차에 태우며 입을 열었다.

"경숙 씨는요?"

"언니는 사장님을 만나러 회사로 갔어요!"

"갑자기 사장님을요?!"

"아, 캡틴 허니 번은 모르시겠군요. 저희 사장님도 히어로 출신이세요. 초창기 히어로 중 한 분이라고 들었어요."

희진 씨에게 방금 들은 얘기는 처음 듣는 정보다. 초창기 히어로는 초능력자들이 나타나기 시작한 시기에 능력을 악용하는 빌런들을 응징하기 위해 활약한 이들이다. 후에 이들이 힘을 합쳐서 만든 조직이 지금의 히어로 협회고. 아버지를 비롯한 초창기 히어로들은 전부 은퇴를 하고 지금은 협회의 간부로 활동 중인데, 사장님이 초창기 히어로라고? 그리고 보니 협회 간부들은 전부 남자다. 소희네 회사 사장님은 여성분이라고 했지. 내 감이 협회에 무언가 비밀이 있다고 경고음을 삐뽀삐뽀 울리기 시작했다.

"찾았다!"

뒷좌석에서 아영 씨가 환호성을 질렀다.

"이것 봐요, 캡틴 허니 번!"

아영 씨가 보여 준 건 자신의 핸드폰이었다. 위치

(불끈) 삶의 무게

추적 어플이 작동하고 있었다.

"이게 무슨?"

"제가 순발력 하면 누구한테 뒤지지 않거든요! 아까 그 가면 쓴 여자가 차에 타자마자 바로 시트 아래에 제 다른 핸드폰을 숨겨 뒀어요!"

"아영 씨, 잘했어요!"

어플 화면을 보니 아영 씨의 핸드폰은 빠르게 이 곳을 벗어나 교외로 빠져나가고 있었다. 이 방향은 협회 본부 쪽인데.

"일단 쫓아가죠! 중간에 차를 바꿀 확률이 매우 높으니까 빠른 속도로 갈게요!"

나는 속력을 올리고 가면 쓴 여자가 운전하는 차를 추격하기 시작했다. 집중해서 운전을 하고 있는데 옆에 앉아 있는 희진 씨가 떨리는 목소리로 입을 열었다.

"캡틴 허니 번. 제 착각이었으면 좋겠지만, 가면을 쓴 여자 목소리가 꼭 수빈이 목소리 같았어요."

"뭐라고요?!"

그래, 범인이 수를 쓴 거구나. 안전장치를 만들어 둔 거다! 만약 들켜도 수빈 씨한테 전부 뒤집어씌우려고!

"수빈이가 사라진 건 단순 실종 사건이 아니었던 거죠? 제발 알려 주세요. 도대체 무슨 일이 일어난 거예요?"

희진 씨의 간절한 물음에 잠시 고민하다 그동안

알아낸 것들을 설명했다. 희진 씨는 안색이 창백해졌지만 침착하게 이야기를 들어 줬다.

"어떻게 그런 일이!"

"아, 지금 그 차가 움직임을 멈췄어요! 차를 바꾼 건가?!"

"벌써요? 멈춘 위치가 어디예요?!"

젠장, 젠장! 모든 의심과 생각은 소희를 찾은 뒤 해도 늦지 않다. 액셀을 더욱 세게 밟아 아영 씨가 알려 준 위치로 빠르게 향했다. 그렇게 몇 분을 달렸을까. 저 멀리에 희미한 인영들이 보였다.

"소희? 라움?"

"둘이 저기 있어요?"

"뭐가 보여요?!"

한계까지 시력을 끌어올렸다. 다행히도 도로가 다른 차량 없이 뻥 뚫려 있었다. 저 멀리 소희의 갈색 머리카락이 보였다. 그 머리카락을 잡고 있는 3위 녀석도.

"잠깐, 머리를 잡고 있어? 저 새끼가! 희진 씨, 운전 좀 부탁해요!"

"네?!"

자동차보다 내가 더 빠르다. 운전석에서 뛰어내려 빠르게 소희에게 달려갔다.

"우와, 캡틴 허니 번! 진짜 빠르네요!"

"아영아! 창문 밖으로 고개 내밀지 마!

저쪽이 눈치채지 못하도록 조용하고 신속하게

(불끈) 삶의 무게

다가가니 3위 녀석의 목소리가 들렸다.

"소희야, 예쁘다 할 때 얌전히 있어. 이 오빠 화나
면 어떻게 될지 몰라."

"그거 안 놔!"

내 외침에 사람들의 시선이 나에게 집중됐다. 소
희의 머리채를 잡고 있는 라움 녀석도, 그 옆에 지
쳐 쓰러져 있는 수빈 씨와 그런 그녀를 붙잡고 있는
나머지 자식들도, 그리고 소희도 나와 눈이 마주쳤
다. 소희의 눈에 눈물이 고여 있는 걸 보니 속에서
열불이 났다. 나는 아직 사과도 못 해서 어쩔 줄 모
르고 있는데, 너는 애를 울려?

"허, 허니 번?"

"뭐, 허니 번?! 너 일루 와, 이 새끼야-!"

라움 저 새끼! 저놈의 인생을 한 번 생략하는 걸
로는 부족하다! 오늘 아주 자근자근 밟아 버린다!

그렇게 녀석을 몸으로 들이박은 게 방금 전 일
이다.

#

상황이 엉망이군.

"으으, 절대 말 못 해."

"소희야. 라움 이 새끼 속마음 읽었지?"

"애국가 생각해도 소용없어요. 현수가 시켜서 한
일이라고는 죽어도 말 못 한대요."

소희의 말을 듣고 내가 코웃음을 치자, 라움 자식

이 끌고 왔던 협회 히어로들에게 능력 무효화 수갑을 채우고 있던 희진 씨가 나에게 물었다.

"현수가 누구예요?"

"프로즌 크리스탈요."

"프로즌 크리스탈이면 랭킹 2위 히어로 아닌가요?"

"그 사람이 이 사건의 범인?!"

희진 씨와 함께 수갑을 채우던 아영 씨도 눈을 크게 뜨며 놀라워했다. 사실 제일 놀란 건 나다. 아까 난 뒤따라올 희진 씨와 아영 씨에게 소희와 수빈 씨를 맡기고 남자 히어로들을 먼저 처리하려고 했는데, 어느새 도착한 그녀들이 아주 날아다니며 남자 히어로들을 정리하고 있지 뭔가. 아영 씨는 남자 히어로 중 한 명이 가지고 온 사슬을 자유자재로 조종해 이들을 결박했고, 희진 씨가 뒤에서 방어막을 만들며 아영 씨를 확실히 보조했다.

꾸준한 훈련이 없었다면 절대 불가능했을 둘의 능력 컨트롤을 보니, 소희처럼 티를 내진 못했지만 이들도 히어로 활동을 하고 싶어 했음을 알 수 있었다.

남자 히어로들이 타고 온 차에 있던 여러 초능력 물품들을 신나게 구경하는 아영 씨, 그리고 수빈 씨를 챙기는 희진 씨를 바라보던 난 쥐고 있던 3위 녀석의 멱살을 놓고 바닥으로 내팽개쳤다. 나에게서 풀려나자마자 녀석은 이를 아득 갈더니 순간 이동 능력을 써 도망을 쳤다.

"어? 언니, 이렇게 놔 줘도 되는 거예요?!"

(불끈) 삶의 무게

"어차피 저 자식은 꼬리여서 쓸모가 없어."

"그렇구나!"

고개를 끄덕이는 소희를 보니, 지금이 말을 꺼내기에 적절한 타이밍이라는 생각이 들었다.

"소희야, 그동안 내가 생각을 많이 했는데."

내 말에 소희가 날 바라봤다.

"난 어렸을 때부터 내가 다른 여자 히어로들과 다르다고 생각했어. 주위에 있는 이들이 매일 그렇게 말했거든. 넌 안전하고 편한 길만 찾는 여자들과 다르다고. 넌 특별하다고. 아버지를 비롯한 남자 히어로들이 항상 그렇게 말해서 더 열심히 했던 것 같아. 존경하는 히어로들에게 인정받은 것 같았고, 하루빨리 히어로가 되어서 그들의 세계에 뛰어들고 싶었어. 함께 히어로 활동을 했으면 좋겠다고 생각했지."

여기까지 말하자, 소희뿐만 아니라 희진 씨와 수빈 씨, 아영 씨도 내 말에 귀를 기울였다.

"성인이 된 이후 데뷔를 하고 첫 임무를 맡았을 때, 그때 알게 됐어. 남자 히어로들에게는 자기들 세계에 날 들여보낼 생각이 없었다는 걸. 난 특별하다고 했으면서. 다른 여자들과 다르다고 했으면서. 자신들과 동일한 선상에는 세워 주지 않았지."

첫 임무를 받았을 때가 떠올랐다. 같이 출동한 히어로들은 나에게 아무런 정보를 공유하지 않고 자신들끼리 임무를 완수했다. 난 아무것도 하지 못했는데도 그들과 같은 팀 일원이라는 이유로 히어로 네임을 받게 되었다. 그들은 나를 향해 편해서 좋겠다며 낄낄거렸다.

"그때 결심한 거야. 동일한 선상에 설 수 없다면 내가 그 새끼들보다 우위에 서겠다고. 그렇게 랭킹 1위가 되었고, 그 자식들을 내려다볼 수 있게 됐지. 난 내가 남자 히어로들과 다르다고 생각했어. 남을 무시하는 그런 야비한 놈들과 다르다고. 그런데 어느 순간부터 나도 똑같이 행동하고 있더라고. 내가 자각 없이 여자 히어로들을 무시하고 있단 걸 너와 싸운 날 깨달았어. 여자 히어로는 당연히 남자 히어로보다 약하다고 생각했나봐. 여자 히어로도 충분히 남자 히어로만큼, 아니 그 이상으로 히어로 활동을 할 수 있는데. 바로 지금처럼!"

난 정신을 잃은 채 도로에서 뒹굴거리는 남자 히어로들과 내 말에 귀 기울이는 여자 히어로들을 바라봤다.

"내가 너무 늦게 깨달아서 너한테 상처만 줬던 것 같아. 정말 미안하다, 소희야."

마지막으로 소희를 향해 고개를 숙였다. 소희가 괜찮다고 할 때까지 몇 번이고 사과를 할 생각이었는데 대답은 다른 이에게서 먼저 들려왔다.

"크흡, 캡틴 허니 번! 얼마나 고생이 많았어요! 망할 협회 자식들. 다 불태워 버려!"

아영 씨가 울먹이며 나에게 안겼다.

(불끈) 삶의 무게

"그런 사람들이 히어로라니 너무 창피한 일이에요!"

희진 씨도 크게 분노하며 나와 아영 씨를 안았다.

"흐으으읍! 햅핑 허니 번 하 이해해오.(캡틴 허니 번 다 이해해요.)"

뒤를 이어 수빈 씨가 애써 울음을 참으며 안겨 들었다.

"어, 어?! 잠깐만요! 지영 언니가 저한테 해 준 얘긴데 왜 저 빼고 다들 안고 있어요!"

마지막으로 소희가 당황해하며 우리 넷의 품에 파고들었다. 그 모습이 너무 웃기고 따뜻해서 나도 모르게 웃고 말았다. 이렇게 웃는 게 얼마 만인지 모르겠다. 고맙다며 모두를 끌어안는데, 모르는 목소리가 끼어들었다.

"뭐야, 상황 정리 끝났니?"

고개를 돌려 보니 같이 예능에 출연했던 여자 히어로들과 처음 보는 여자 한 명이 히어로 코스튬을 입은 채 이쪽으로 걸어오고 있었다. 가운데 있던 안경 쓴 낯선 여자가 입을 열었다.

"너희들끼리 저 인원을 다 처리한 거니? 대단한데?"

"사장님! 언니들!"

"아앗, 이미 다 끝났잖아~! 사장님. 왜 저한테 순간 이동을 시킨 거예요~. 급한 일이라 해서 무리한 건데. 여러 명이랑 한꺼번에 이동하면 얼마나 피곤한지 아세요~!"

"강예지, 지금 그걸 말이라고 해? 소희가 무사한지 먼저 물어봐야지."

"씨, 가은 언니는 아무것도 안 했잖아요~!"

투닥거리는 서가은과 강예지를 바라보다 안경 쓴 여자에게 다시 눈길을 주었다. 그녀는 나를 보며 싱긋 웃었다.

"네가 지영이구나. 꼭 만나고 싶었는데 이렇게 보게 되네."

"당신이 소희네 회사 사장님인가요? 초창기 히어로라는?"

"그래, 그랬던 적도 있었지."

"근데 왜 협회에 남아 있지 않은 거죠? 다른 초창기 히어로들은 다 협회 간부가 됐는데."

내 말에 사장님은 피식 웃으며 날 바라봤다.

"돌직구로 말하는 건 네 엄마랑 똑같구나."

"엄마를 아세요?!"

엄마 얘기를 먼저 꺼내는 사람을 만난 건 처음이었다. 내 말에 사장님은 속을 알 수 없는 눈으로 날 바라봤다. 그리워하는 것을 보는 듯도 했고, 원망하는 것을 보는 듯도 했다.

"내가 말하는 것보다 직접 보는 게 좋겠지."

그렇게 말한 사장님은 자신의 주머니에서 사탕통을 꺼내더니 연두색 사탕 한 개를 입에 넣었다. 옆에서 희진 씨가 능력을 사용할 거냐고 묻자 사장

(불끈) 삶의 무게

님은 고개를 끄덕이더니 내 이마에 손을 얹었다.

"난 타인의 초능력을 사탕의 형태로 저장할 수 있지. 자, 널 위해 하나 남은 텔레파시를 쓰는 거니까 잘 보도록 해."

사장님이 씨익 웃자 내 이마에 얹힌 손에서 환한 빛이 펼쳐졌다. 악! 내 눈! 빛이 나오는 거라면 미리 말해 주지!

눈을 꽉 감으니 이상한 소리가 들렸다. 시끄러운 고함 소리, 싸우는 소리, 무언가가 부서지는 소리 등등. 의아함을 느끼며 눈을 뜨자 내 눈앞에는 과거의 파편이 펼쳐지고 있었다.

#

제일 처음 본 건 한 여자의 뒷모습이었다. 그 앞에서는 한 빌런이 괴상한 기계를 조종해 건물과 도로, 자동차를 파괴하고 있었다. 나와 비슷한 덩치에 가면을 쓴 여자는 떨어지는 건물의 잔해를 능숙하게 부숴 버리며 사람들을 구하고 있었다. 그래, 초창기에는 빌런에게 정체가 발각되면 주변인이 인질이 될 수 있으니까 히어로들이 정체를 감췄다고 들었어. 주위를 둘러보니 여자가 사람들을 구하는 동안 가면을 쓴 다른 사람들이 빌런을 상대하고 있었다. 그중에는 불의 능력을 쓰는 남자도 포함되어 있었다. 그 순간 시점이 아래로 내려앉았다. 내가 빌런 시야의 주인이 아래로 움직였기 때문인 것 같다. 가면을 쓴 여자가 이쪽을 바라보며 말했다.

"신현정! 한눈팔지 마!"

"으악! 고마워, 언니!"

"기껏 내 능력을 받아 갔으면 잘 사용해야지!"

"알겠다니까. 잔소리는 그만해!"

떨어지는 자동차를 던져 버린 여자는 다른 곳으로 달려갔다. 체격과 힘, 움직임을 보건대 그 여자의 능력은 내 능력과 똑같은 듯했다.

잠시 시야가 검게 물들더니 다른 광경이 눈앞에 펼쳐졌다. 떨어지는 단풍, 왼쪽에 놓여 있는 의자와 테이블. 난 이 공간을 알고 있었다. 여기는 우리 집 정원이었다. 이번에도 한 여자의 뒷모습이 보였다.

"미영 언니, 정말 남성진이랑 결혼할 거야?"

"넌 만날 때마다 그 질문을 하니?"

"언니가 진짜 아까워서 그래. 남성진이 뭐가 잘났다고!"

"아니야, 현정아. 내가 아까운 게 아니라 그 사람이 아까운 거지. 그렇게 멋진 사람이 나랑 결혼해 주는 거잖아. 날 여자로서 사랑해 주는 건 그 사람밖에 없는 것 같아."

"그래도 히어로 일은 계속할 거지?"

그 말에 여자는 뒤를 돌아보며 고개를 젓는다. 자신의 배를 조심스럽게 쓰다듬는 여자의 얼굴은 내가 사진으로만 봤던 엄마의 얼굴이었다.

\#

"엄마!"

(불끈) 삶의 무게

계속 외쳤지만, 아까는 나오지 못했던 소리를 터트리며 난 눈을 떴다. 눈앞에는 날 걱정스럽게 바라보는 히어로들과 사장님이 있었다. 사장님은 이내 쓸쓸한 얼굴로 웃었다.

"… 혹시 엄마랑 대화를 나누던 '현정' 씨가 사장님이세요?"

"맞아. 넌 정말 미영 언니를 빼닮았어. 얼굴도, 능력도. 성격은 그 새끼랑 약간 섞인 것 같지만."

난 그동안 엄마가 나와 전혀 다른 사람인 줄 알았다. 사진 속 엄마는 언제나 예쁘고 우아해서, 온실속 화초처럼 곱게만 자란 사람인 줄 알았다. 근데 그게 아니었어. 엄마는 나와 똑같은 초능력을 가지고 사람들을 구한 히어로였던 거야!

아버지는 나에게 날씬해지면 행복해질 수 있다고 말했지만, 날씬한 엄마는 그렇게 보이지 않았다. 지금 내 곁에 있는 히어로들도 다이어트 때문에 고생을 하면 했지 결코 행복해하지 않았다. 주위 사람들은 나에게 뚱뚱한 게 잘못된 거라 말하지만, 그들이 틀렸다. 난 잘못되지 않았고 뚱뚱해도 행복해질 수 있다. 결심했다. 다이어트는 집어치우고, 히어로 활동을 계속해야겠어! 엄마도 이걸 원하셨을 거야.

"캡틴 허니 번! 정말 과거를 보고 왔어요? 몇 초밖에 안 지났는데?!"

"아영아, 캡틴 허니 번 정신없어 보이니까 호들갑 그만 떨고 이리로 와!"

"나도 궁금하네. 과거를 본 기분은 어때요?"

"가은 언니, 희진 언니가 캡틴 허니 번한테 말 시키지 말라고 하잖아요~!"

"흐리어하던 어머히를 가거를 통해서 보고 오다니. 너무 감동저기에요!(그리워하던 어머니를 과거를 통해서 보고 오다니. 너무 감동적이에요!)"

"지영 언니! 몸은 괜찮아요? 어머니는 어떤 분이셨는지 물어봐도 돼요?!"

내게 우르르 모여드는 히어로들을 보니 웃음이 나왔다.

"글쎄. 취향은 좀 안 맞는 듯."

이 일을 시작하면서 처음 내가 그렸던 행복엔 다이어트가 아니라 동료들이 필요했다는 게 생각났기 때문이다.

#

한데 모인 우린 이 사건을 함께 해결하기로 했다.

"절 납치한 범인과 수빈 씨를 세뇌시킨 범인은 동일 인물이라고 봐야 하잖아요. 혹시 수빈 씨만 괜찮다면 제가 수빈 씨의 무의식을 좀 봐도 괜찮을까요?"

"전 괜찮아요."

소희가 수빈 씨의 허락을 구해 범인에 대한 단서를 찾아보기로 했다. 세뇌당했던 당시의 기억이 흐릿하다는 수빈 씨에게서 정보를 얻을 수 있는 건, 소희가 자신의 능력을 빠르게 성장시켜 마인드 컨트롤이 가능한 수준에 이른 덕분이었다.

"어때, 뭐가 보여?"

"으음, 네 명 정도 되는 사람들이 수빈 씨가 썼던 거랑 똑같은 가면을 쓰고 임무를 수행하고 있어요."

"그 가면은 평범한 가면이 아니야. 초능력 물품이어서, 그걸 쓰면 사람들의 기억 속에서 쉽게 사라질 수 있거든. 초창기 히어로들이 자주 쓰고 활동했던 가면이지."

사장님의 설명을 들으니 납득이 됐다. 어쩐지 엄마랑 사장님이 초창기 히어로라는 사실이 알려지지 않았다는 게 이상하다 싶었는데. 다 가면 때문이었구나.

"어?! 프로즌 크리스탈이 보여요! 우와, 엄청 비열하게 웃고 있어요!"

"이현수도 꼬리일 확률이 높아. 그 자식 깜냥으로는 이런 엄청난 일을 벌일 수가 없어."

"으음, 그리고 옆에 양복을 입은 아저씨가 있는데, 수빈 씨가 이 남자 앞에서는 계속 고개를 숙였었나 봐요. 얼굴이 안 보이는데…. 반지! 붉은 보석이 박힌 반지를 끼고 있어요!"

"반지?!"

"붉은 보석?!"

소희의 말에 나와 사장님이 동시에 외쳤다. 난 불안하게 눈을 굴리는 사장님을 바라보며 입을 열었다.

"뭐 아는 게 있으세요?"

"하아, 설마 싶지만. 붉은 보석이라면 짐작 가는 게 있어."

자신의 이마를 짚으며 인상을 쓰던 사장님이 한숨을 푹 쉬고 말을 이어 갔다.

"미영 언니가 은퇴하기 전에, 사람 얼굴만 한 붉은 원석을 가지고 온 적이 있어. 훈련을 하러 갔던 산속에서 발견했다고 하더라고. 그 원석에 다가가는 순간 언니가 그걸 왜 가지고 왔는지 알 수 있었어. 정말 감당이 안 될 만큼 엄청난 힘이 느껴졌거든. 원석을 만지지도 않았는데 그때 주위에 있던 히어로들의 능력이 몇 배는 향상됐다면 믿을 수 있겠니?"

사장님이 여기까지 말했을 때, 아영 씨가 조용히 가지고 싶다고 중얼거리다가 가은 씨에게 한 대 맞았다.

"그때 거기 있던 히어로들은 그 돌을 영원히 봉인하기로 합의를 봤어. 문제는 내가 그 돌이 봉인된 걸 확인한 적이 없다는 거야. 그 전에 협회를 설립한 남성진이 미영 언니와 결혼하자마자 날 내쫓았거든. 아직 미성년자라는 게 이유였지. 그때 당시 남아 있던 소수의 여자 히어로들도 사소한 이유로 전부 쫓겨났어. 처음엔 모두 힘을 합쳐 협회에 항의했지만, 협회 구성원들끼리의 결속력이 너무 단단해서 파고들 수가 없었고 결국 각자의 생활로 흩어졌지. 하지만 난 포기할 수가 없어서, 엔터테인먼트 회사를 만들고 차별받는 여자

(불끈) 삶의 무게

히어로들을 돕기 시작했어. 남성진이 연예계는 건드리지 않았거든."

사장님의 말을 듣고 나는 충격과 창피함에 고개를 들 수가 없었다. 내가 평생 존경해 온 아버지가 과거에 저런 비열한 짓을 했다니. 어쩔 줄 모르는 나를 향해 사장님이 웃으며 말했다.

"널 만나기를 얼마나 고대했는지 몰라."

"저를요?"

"그래. 넌 미영 언니의 딸이자 망할 남자 히어로들이 만든 견고한 성의 내부에 있는 사람이니까. 난 네가 협회의 부조리에 맞설 마지막 희망이라고 생각해."

사장님의 말에 난 복잡한 기분에 휩싸였다. 아무리 비겁한 짓을 했어도 아버지는 내 아버지였다. 내가 생각했던 것만큼 훌륭한 사람은 아니었다고 해도, 그와 직접 대적하겠다고 선뜻 나설 수는 없었다. 하지만 그를 이대로 내버려 둘 수도 없었다.

이런 내 마음을 아는지 모르는지 소희는 벌떡 일어나 소리쳤다.

"일단 프로즌 크리스탈이 이 사건과 관련 있다는 건 확실하잖아요. 가요! 프로즌 아니, 이현수 놈 잡으러!"

타이밍 좋게도 소희의 배에서 꼬르륵거리는 소리가 울려 퍼졌다.

"앗, 저 배고파요! 그러고 보니 말하는 걸 깜빡했

는데 저 다이어트 그만두기로 했어요! 수빈 씨 구하면서 다이어트가 얼마나 쓸모없는지 깨달았거든요. 그깟 다이어트 그냥 폭발하라고 해요!"

소희의 갑작스런 폭발 선언에 다들 놀란 듯 눈을 크게 떴다.

"저도요. 다이어트를 했던 시간이 제 인생에서 가장 힘든 시간이었어요."
"수빈아…."

먼저 동조한 건 수빈 씨였다. 그 옆에 있던 희진 씨가 안쓰럽다는 표정으로 수빈 씨를 보듬었다. 소희를 놀리려고 한껏 모션을 취했던 아영 씨도 입을 열었다.

"오케이, 접수! 나도 안 한다! 다이어트 따위 갖다 버리라고 해!"
"난 다이어트 안 한 지 오래됐어."

가은 씨까지 그렇게 말하니, 다들 이현수 잡으러 가기 전에 뭐라도 먹자고 의견을 모았다. 이런 우리를 흔들리는 눈으로 바라보던 예지 씨가 급하게 입을 열었다.

"어, 어 그럼 저도 다이어트 안 하는 걸로…."
"그래? 잘됐다. 자, 여기 카드."
"네?"
"우리는 협회로 가고 있을 테니까 네가 근처 치킨집에서 포장해 와. 순간 이동 능력 쓰면 금방이니까."

(불끈) 삶의 무게

너도 먹을 거잖아, 라며 미소 띤 얼굴로 카드를 내미는 사장님을 바라보던 예지 씨는 "역시 난 심부름 시키려고 데려온 거죠~!"라며 울부짖고는 사라졌다. 이러나저러나 말은 참 잘 듣는 게 딱 협회가 좋아할 인재상이었다.

#

"근데 이현수는 어떻게 잡아야 하는 거죠?"

예지 씨가 마지막 남은 닭다리를 우물거리다가 입을 열었다. 그 말에 난 씨익 웃으며 품에 있던 핸드폰을 보여 줬다.

"라움 핸드폰으로 이미 연락했어요. 지금 내 사무실로 와 달라고."

그렇다. 우리는 협회에 있는 내 사무실에서 다 같이 치킨을 뜯어 먹고 있었다. 이곳으로 온 이유는 협회 건물 내에서 유일하게 CCTV가 없는 구간이 내 사무실과 그 부근이기 때문이다. 라움은 이현수에게 가지 않고 도망쳤을 확률이 높다. 애초에 협회에 대한 그놈의 충성심은 이현수나 랭킹 4위에 비하면 높지 않으니까.

그때 라움의 핸드폰으로 이현수에게 전화가 왔다. 우리는 치킨을 먹는 동안 세웠던 계획을 떠올리며 서로 눈을 마주쳤다. 내게 핸드폰을 넘겨받은 가은 씨가 전화를 받았다.

"어, 왔냐?"

"오긴 왔는데, 형. 남지영을 생포한 게 사실이에요?"

타인의 모습과 목소리까지 복제하는 초능력을 가진 가온 씨가 라움의 목소리를 내며 문으로 다가갔다.

"당연하지! 김소희를 인질로 삼았더니 꼼짝을 못하더라고!"

"진짜죠? 알겠어요. 저 지금 문 앞이니까 열어 주세요."

잠시 심호흡을 한 가온 씨가 원래 자신의 목소리로 입을 열었다.

"그래."

"형, 목소리가~"

그 순간이었다. 가온 씨가 문을 활짝 열자마자 수빈 씨가 이현수 얼굴에다 마취제를 뿌렸다. 소희를 납치할 때 수빈 씨가 사용한 마취제였다.

"크흑! 뭐야!"

비틀거리는 이현수를 아영 씨가 밧줄로 묶었다.

"씨발! 이거 놔! 이년들이 내가 누군 줄 알고!"

소희는 이 마취제를 맞자마자 바로 기절했다던데 이놈한테는 내성이 있는 건가. 발버둥 치던 이현수가 이내 능력을 쓰려고 하니 수빈 씨가 가까이 다가가 들고 있던 마취제를 이현수 얼굴에 그대로 들이부었다.

(불끈) 삶의 무게

"푸헉! 크아악!"

"넌 그냥 죽는 게 어때? 그게 이 사회에 더 도움이 될 것 같아."

음산하게 중얼거리는 수빈 씨를 본 희진 씨가 자기 입을 막았다. 나도 얌전했던 수빈 씨가 저렇게 행동할 줄 몰라 좀 놀랐지만, 그녀가 그동안 겪었을 수모를 생각하면 아직 한참 부족하다는 생각이 들었다. 나였으면 이현수 얼굴을 보자마자 저놈의 자랑인 코를 날렸을 거야.

이현수는 괴로운 듯 버둥거렸지만 곧 움직임을 멈췄다. 나는 소희와 함께 아직도 정신을 잃지 않은 이현수에게 다가갔다.

"허억 허억, 씨발년들이…! 무슨 꿍꿍이야!"

"너에게 발언권은 없어. 소희야, 시작해."

"네, 언니! 아주 뼛속까지 샅샅이 밝혀낼게요!"

"무슨! 다가오지 마!"

소희가 입만 산 이현수에게 가까이 다가가 그의 머릿속을 헤집기 시작했다. 이현수가 다시 움직이려고 하자 사장님이 손을 뻗었다.

"자, 난 이 틈에 능력이나 더 빼 갈까. 프로즌. 이번이 마지막일 테니까 처음부터 세게 갈게, 알았지?"

"크으, 뭐…?! 커헉!"

사장님이 이현수의 심장 부근에 손을 대고 능력을 쓰는 듯 집중했다. 이현수는 잠깐 격렬하게 반항하더니 빠르게 힘이 빠지는지 추욱 늘어지고 말았다. 그 틈에 소희가 이현수로부터 사건 관련 정보를 읽어 냈다.

잠시 뒤, 소희가 알아낸 정보를 말해 주기 시작했다. 예상했던 대로 아버지의 결혼반지는 붉은 원석의 일부분을 작게 가공해 만든 것이었다. 다이어트 약과 음료수에 들어 있던, 원래대로라면 섞이지 않았어야 할 진정제들은 붉은 원석의 힘으로 결합에 성공한 것이었다. 그리고 아버지는 현재 회장실에 수하의 히어로 전체를 모아 두었다. 마지막으로,

"내가 일반인을 폭행했다는 얘기도 꾸며 낸 거였냐, 이 새끼야!"

"흐어억! 살려 줘!"

결국 난 이현수의 자랑스런 콧대를 날려 버리고 말았다.

# #

이현수를 완전히 기절시키고 회장실로 향했다. 굳게 닫힌 문을 열자 아버지가 싸늘한 눈으로 문가를 바라봤다. 아버지의 뒤에는 수빈 씨와 비슷한 시기에 실종된 여자 히어로들과 도망친 줄 알았던 3위와 그동안 보이지 않았던 4위까지 서 있었다. 그들은 초점 없는 눈으로 멍하니 허공을 바라보았다.

"허니 번. 기어코 이곳까지 왔구나."

내가 차마 대답하지 못하는 사이 소희가 외쳤다.

"다들 눈이 이상해요! 저 사람들 전부 약을 먹은 건가?"

(불끈) 삶의 무게

"최면 성분의 효과는 남녀를 가리지 않지."

아버지가 차분하게 대답했다. 저들도 결국 아버지에게는 실험 대상에 불과했구나!

"그나저나 네가 나한테 이를 드러낼 줄은 몰랐다. 그래도 자식이라고 지켜보고 있었는데 말이야."

"…."

"그래. 여기까지 왔으면 상황이 어떻게 돌아가는지는 다 알겠고. 뒤에는 지원군이라고 데리고 온 건가? 어떻게 나오려나 기대하고 있었는데 겨우 여자 히어로들이라니."

"남성진!"

"신현정, 네가 같이 올 줄은 몰랐어. 그때는 꼬리를 말고 도망치더니."

우리를 비웃던 아버지는 최면에 걸린 이들에게 명령했다.

"공격해."

그 말에 남자 히어로들이 중심이 되어 공격을 시작했다. 갑작스러운 공격에 희진 씨가 황급히 방어막을 펼쳐 소희를 보호했다. 아영 씨는 사슬을 조종해 남자 히어로들을 공격했다. 사장님도 함께 사슬을 조종하며 남자 히어로들을 제압했다. 아영 씨의 줄 조정 능력이 담긴 사탕을 먹은 모양이었다. 최면에 걸린 여자 히어로들에게는 염력을 가진 수빈 씨와 순간 이동 능력을 가진 예지 씨가 합을 맞춰 접근하고 있었지만, 최대한 상처 없이 제압하려다 보니 움직임이 더뎠다. 빨리!

"한심하긴. 저딴 녀석들 하나 제대로 막지 못하다니."

아버지는 버거워하는 우리를 바라보더니 혀를 쯧쯧 하고 찼다.

"이래서 여자 히어로들은 안 된다는 거야. 무조건 감정적으로 대응하고 이성적인 생각을 못 하지. 왜, 진실을 알아내니 너희가 뭐라도 되는 줄 알았나? 정말 정의의 히어로라도 되는 줄 알았어? 그래서 본인들 전력도 모르고 무작정 덤비는 건가?"

아버지의 말을 들으니 속에서 무언가가 울컥하고 쏟아질 것 같았다. 난 히어로다. 완벽하지는 않지만 한 번도 정의에서 눈을 돌린 적 없는 히어로. 아버지가 나를 그렇게 키웠다. 그런데 지금 뭐라고?

그래, 이게 배신감이구나. 난 아버지가 범인이라는 것을 눈치챈 순간부터, 아니 처음부터 그에게 배신당했던 거였어!

아버지와 대적한다는 거부감은 개뿔! 당장이라도 뛰쳐나가고 싶었지만 지금은 그럴 수 없었다. 그를 노려보며 이를 아득 갈았다.

"허니 번, 너에게 그런 시선을 받으니 놀랍구나. 똥, 오줌 구분 못 하고 내 명령이라면 무조건 따르는 개였는데 말이야."

아버지는 나를 비웃으며 고군분투하고 있는 여자 히어로들을 바라보았다.

(불끈) 삶의 무게

"송사리들을 많이도 데리고 왔군. 이만 가 봐야 겠다. 아무리 송사리들이라도 협회에 침입한 괴한으로 만들려면 준비해야 할 것들이 많아서 말이야."

말을 마친 아버지는 사무실의 한쪽 벽을 일정한 박자로 두드렸다. 그러자 책상 뒤쪽 바닥이 열리면서 비밀 공간이 드러났다. 아버지는 그곳에서 금고 하나를 챙겼다.

지금이다!

난 천장에서 아버지에게로 곧장 뛰어내렸다.

"무, 무슨!"
"남성진, 당신은 끝이야!"

그렇다. 치킨을 먹으며 세운 계획 중 하나가 이거다. 가은 씨가 내 모습으로 둔갑해 회장실에 대신 들어가 있는 동안, 난 비밀 통로를 이용해 천장으로 기어 들어갔다. 그 후 천장에 난 구멍을 통해 상황을 보면서 아버지가 붉은 원석을 꺼내길 기다렸다. 아버지 성격상, 붉은 원석을 자신과 가까운 곳에 숨겼을 확률이 높으니까.

"허니 번! 아니, 남지영! 감히 나한테 무슨 짓이야!"
"이 배신자! 그 금고나 내놔요!"
"이것 놔!"

아버지와 몇 번 엎치락뒤치락한 끝에 금고를 빼앗는 데 성공했다. 분노한 아버지가 나에게 능력을 쓰려는 순간, 사장님이 먹고 있던 사탕을 뱉더니 하얀색 사탕을 꺼내 먹고는 아버지에게 얼음 덩어리를 날렸다.

"네 상대는 나야!"

"크윽!"

저건 아까 이현수한테서 뽑은 능력! 사장님은 능숙하게 얼음 능력을 이용해 아버지의 화염과 대치했다.

"신현정! 네가 어떻게 얼음 능력을?"

"나였다면 자신의 능력과 상극인 능력을 가진 히어로를 그렇게 방치하지 않았을 거야! 나 같은 능력자가 야금야금 능력을 훔쳤을 지도 모르잖아?!"

그 말에 아버지는 이를 아득 갈더니 사장님에게 화염들을 날리기 시작했다. 사장님도 얼음들을 생성해 화염들을 없애기 시작했다. 불과 얼음이 격돌하니 연기가 생겨 둘을 휘감았다. 연기 속에서 둘은 치열하게 싸웠다. 아버지가 화염을 휘감은 주먹을 휘두르면 사장님이 얼음으로 만든 창을 휘둘러 그 공격을 막아 냈다.

둘이 서로를 죽일 듯이 싸우는 동안, 난 금고를 부수고 붉은 원석을 꺼냈다. 딱 봐도 뭔가 엄청난 오라를 풍기는 돌이었다.

"남성진! 미영 언니를 어떻게 한 거야!"

"이미영이 빌런의 손에 죽었다는 걸 너도 모를 리가 없을 텐데?!"

(불끈) 삶의 무게

"진실을 말해! 언니가 아무리 약해졌다고 해도 빌런 한 명한테 당했을 리 없어! "

"배신자에게는 그에 맞는 죽음이 기다리는 법이지!"

"배신자는 너잖아~!"

사장님과 아버지는 호각으로 싸우고 있었지만, 흥분한 사장님이 조금씩 밀리기 시작했다. 뒤이어 아버지 손가락의 붉은 반지가 빛나더니 내가 들고 있던 붉은 원석도 빛을 발했다. 그러자 설상가상으로 최면에 걸린 이들의 능력이 강해진 듯 우리 쪽 히어로들도 점차 뒤로 밀려났다.

그때, 사장님이 아버지의 화염을 피하다가 제대로 착지하지 못하고 쓰러졌다. 아버지가 그 순간을 놓치지 않고 불로 만든 검을 사장님에게 내리쳤다. 사장님은 얼음으로 두 손을 감싼 채 겨우 검을 막아냈지만 힘의 격차 때문에 손을 덜덜 떨었다. 사장님이 나를 향해 소리쳤다.

"뭐 하는 거야, 난 이제 오래 못 버텨! 얼른 그걸 부숴!"

사장님의 외침에 난 답답해서 돌아 버리는 줄 알았다. 젠장, 그게 안 된다고 지금! 내가 심심해서 원석 붙잡고 씨름 중인 줄 알아?! 이게 안 부서진다고! 뭐로 만들어졌는지 아무리 힘을 줘도 꿈쩍하지 않는다고! 아버지는 이걸 어떻게 부순 거지?

끙끙거리며 힘을 주고 있는 날 보던 사장님이 아슬아슬하게 아버지의 공격을 피하며 다시 외쳤다.

"미영 언니의 필살기를 써! 아마 내 과거에서 봤을 거야. 같은 능력을 가진 너라면 쓸 수 있어!"

그 말에 나는 멈칫했다. 그렇다. 난 사장님의 과거에서 엄마의 필살기를 봤다. 그리고 대번에 그걸 쓰는 법도 눈치챘다. 하지만…

"그걸 어떻게 쓰냐고요!"

그 필살기를 쓰려면 만화에서처럼 필살기명을 외쳐야 한다고! 으악, 그걸 어떻게 말해! 난 오글거리는 거 못 해! 엄마는 왜 그런 필살기를 개발한 거야? 기합 때문인 거야? 아까도 말했지만 취향 너무 안 맞아!

내 망설임을 눈치챘는지 사장님을 매섭게 공격하던 아버지가 날 바라봤다.

"허니 번! 너도 네 엄마처럼 날 배신할 셈이냐? 너를 키운 이 아버지를 거역할 셈이야?!"

아버지의 큰소리에 나도 모르게 움찔했다. 그 순간이었다.

아버지가 씨익 웃으며 나에게 언제 만들었는지 모를 거대한 화염구를 던졌다. 우습게도 화염이 던져지는 그 찰나의 순간이 나에게는 억겁의 시간처럼 느껴졌다.

잊고 있었던 과거가 뇌리를 스쳐 갔다. 그래. 난 이 순간을 알고 있어. 전에도 아버지는 웃으며 나에게 저 화염구를 던졌어. 하지만 언제? 훈련 중에? 아니, 그보다 더 어렸을 때야.

(불끈) 삶의 무게

절박한 비명 소리가 들렸다.

"지영 언니! 피해요!"

[지영아! 피해!]

소희의 비명 소리에 또 다른 목소리가 겹쳐졌다. 난 이 목소리를 들은 적이 있었다.

"엄마…."

눈앞에 환영이 보이는 것 같았다. 활활 타오르던 집 안. 울고 있던 어린 나. 화염구를 던지며 웃던 아버지. 나를 지키기 위해 온몸을 던진 엄마.

엄마는 빌런에 의해 죽은 게 아니었다. 날 구하려다 아버지의 손에 의해 죽은 거였어!

"으아아아아아!"

처음 느껴 보는 분노와 배신감에 머릿속이 후끈 달아올랐다. 발음하기를 계속 망설였던 필살기 이름이 입에서 저절로 나왔다.

"삶의 무게!"

필살기명을 외치자 그와 동시에 처음 느껴지는 고동이 온몸에 울려 퍼졌다. 펌핑된 근육들이 만들어 낸 모든 힘이 오른쪽 손으로 모였다. 몸속을 흐르던 힘 한 방울까지 전부 오른손으로 향한 것이 느껴졌다. 찢어진 코스튬 사이로 드러난 내 팔은 그 어느 때보다도 단단했고 검붉은 핏줄이 두드러져 있었다. 이게 엄마의 필살기였다. 모든 힘을 한곳에 집중해 그곳을 최대치로 강화하는 올인 기술!

때마침 날아온 화염을 오른손으로 잡아 옆으로 던졌다. 내 손에 닿은 충격으로 약해진 화염은 사장님이 전투 중 만들어 놓았던 얼음 벽에 부딪히며 금세 사그라들었다.

"나, 남지영! 네가 어떻게 그 기술을!"

경악하는 아버지를 향해 씨익 웃은 난 바닥에 내려놓은 붉은 원석을 주먹으로 내리쳤다.

"안 돼, 안 돼!"

아버지가 비명을 지르고는 나에게 달려왔다. 사장님은 아버지를 얼음 창으로 막아 내며 소리쳤다.

"계속해!"

역시 한 방엔 안 되는 건가? 그럼 더 때리지 뭐. 뒤에서 아버지가 발광을 하며 공격을 퍼부었지만, 다른 여성 히어로들이 그런 아버지를 막아섰다. 아버지가 이성을 잃자 최면에 걸린 이들이 쓰러진 덕분이다. 난 아버지의 외침을 무시한 채 원석에 주먹을 내리쳤다.

쾅!

두 번째 주먹을 맞은 원석에 금이 가기 시작했고,

쾅!

세 번째 주먹에는 파편들이 튀기 시작했다.

"마지막이다!"

기합을 넣고 마지막 주먹을 내리쳤다.

쨍그랑-!

(불끈) 삶의 무게

그러자 유리가 깨지는 듯한 소리가 나더니 붉은 원석이 산산이 부서지고 말았다. 부서진 원석은 붉은 빛을 잃고 이내 가루로 변했다. 아버지가 끼고 있던 반지의 보석도 마찬가지로 부서져 내렸다. 아버지는 처음 보는 표정으로 악을 쓰며 내게 달려들었다.

"으아아악! 네가! 네가 모든 걸 망쳤어!"

물론, 지금 내게 그런 말이 통할 리가 없었다.

"망친 건 아버지잖아요!"

"크헉!"

어머니의 필살기는 아버지를 날리는 걸 마지막으로 풀리고 말았다. 마치 엄마가 복수를 한 것 같아서 기분이 묘했다.

"지영아."

쓰러진 아버지는 헉헉거리다가 다정한 목소리로 내 이름을 불렀다. 징하다. 아직도 기절을 안 했단 말이야?

"미안하다. 내가 욕심에 눈이 멀어 해서는 안 될 일을 저질렀구나⋯. 내 이야기를 들어 다오. 네 어머니에 대해서 꼭 해야 할 말이 있단다."

"저도 꼭 하고 싶었던 말이 있는데, 한 번만 더 '캡틴' 빼먹으면 인생 생략당할 각오하세요."

"지, 지영아!"

당황해하는 그의 목덜미를 빠르게 가격해 기절시키고 일어났다. 기절한 아버지를 보니 내가 부쉈던 훈련용 로봇이 생각났다. 그 로봇은 하나가 쓰러지면 나머지들도 우르르 쓰러지게 되어 있었다. 그 모습이 마치 히어로 협회의 남자 히어로들 같다는 생각이 들었다. 그들은 아버지를 중심으로 놀라운 결속력을 보여 주는 집단이었지만, 구심점이 없으면 금방 무너질 이들이었다. 남자 히어로들의 결속이 무너질 때를 놓치면 안 돼. 이런저런 생각들이 많아질 무렵, 뒤쪽에 있던 여자 히어로들이 환호성을 지르며 내게 다가왔다.

"으아! 이겼다! 우리가 이겼다!"

"아, 내가 싸우다니…! 진짜 히어로 활동은 이런 거군요!"

"희진 언니, 나 아직도 손이 떨려."

"후우, 은퇴는 뒤로 좀 미룰까."

"봤죠?! 저 셔틀 아니라구요! 충분히 잘 싸운다고요~!"

"끝났구나. 여기까지 오는 데 20년이 걸렸어."

"지영 언니! 우리 해냈어요! 임무 성공했어요! 야호! 야호!"

순수하게 기뻐하는 그녀들을 보니 나도 모르게 웃음이 나왔다. 그래! 머리 아픈 고민은 잠시 접어 두자!

"함께해 줘서 정말 고마워요. 여러분은 제 최고의 동료고, 최고의 히어로예요!"

이 말이 내가 할 수 있는 최고의 찬사였다.

(불끈) 삶의 무게

#

"캡틴 허니 번! 이번 여자 히어로 실종 사건의 범인이 히어로 협회의 회장이라는 것이 사실입니까?!"

"캡틴 허니 번은 그 사실을 어떻게 아신 거죠?!"

"프로즌 크리스탈을 포함한 수많은 랭커 히어로들이 가담했다고 하는데 자세히 알려 주시죠!"

회장실을 습격하기 전에 경숙 씨에게 신고를 부탁했는데, 잘 해 주셨나 보다. 아버지를 기절시킨 뒤 얼마 지나지 않아 경찰이 협회 건물 안으로 들어왔다. 경찰들은 골치 아프다는 얼굴로 기절한 아버지와 남자 히어로들을 체포해 갔다. 그래, 진짜 골때리겠네. 초능력을 가진 범죄자를 소탕하는 곳에서 범죄자가 나왔으니. 부끄럽고 창피한 일이다.

하지만 반대로 기쁘기도 했다. 같이 싸워 준 동료들과 이 기쁨을 나눈 것도 잠시, 협회 1층으로 내려오니 어느새 몰려든 기자들이 벌떼처럼 우리에게 다가와 질문을 퍼부었다. 아직 피곤해하는 동료 히어로들을 뒤로 물리고 내가 기자들을 상대했다. 내가 인터뷰를 하는 동안 동료 히어로 중 다친 이들은 최면 상태였던 이들과 함께 병원에 가기로 했다. 특히 내 모습을 흉내 냈던 가은 씨가 가장 많이 다쳤는데, 응급차 간이침대에 누운 그녀는 자기의 활약을 잊지 말라며 처음으로 환하게 웃었다. 그 사이 뒷수습을 하거나 취재를 하느라 정신없는 수많은 사람들을 헤치고 소희가 나에게 가까이 다가왔다.

"자, 질문은 이제 그만! 캡틴 허니 번도 좀 쉬어야 해요!"

"어?"

소희가 내 팔목을 끌고 여자 히어로들이 모여 있는 곳으로 걸어갔다. 저 멀리서 상처투성이인 그녀들이 밝게 웃으며 우리에게 손을 흔들었다. 걸어가는 중에 소희가 입을 열었다.

"언니. 들었어요?"

"뭘?"

"저기 방송하고 있는 취재진 있잖아요. 지상파 중 한 곳에서 나온 사람들인데, 저희 보고 '차별과 무시를 이겨 내고 불의에 맞선 진정한 히어로'라고 했어요."

"기분 좋았겠네. 히어로 김소희 씨?"

"너무요! 다 언니 덕분이에요. 정말 고마워요!"

소희가 잠시 멈춰 서서 나를 바라봤다. 아니, 나야말로 고마웠다. 소희와 함께여서 다행이었다. 소희가 나의 많은 부분을 바꿔 놓았다.

"어, 근데 저 임무 수행에 성공한 거예요, 못 한 거예요?"

"캡틴 허니 번! 이거 한 가지만 더 대답해 주세요!"

소희의 질문에 대답하기도 전에 겨우 떼어 놓았던 취재진들이 다시 나에게 다가왔다.

"현 회장 남성진이 체포된 상태인데, 그럼 다음 대 회장은 누가 되는 겁니까?!"

(불끈) 삶의 무게

"맞습니다! 그것만 대답해 주세요!"

"캡틴 허니 번!"

나는 숨을 크게 들이쉬고 당당하게 웃었다.

"당연히, 원칙대로 랭킹 1위인 제가 회장이 됩니다."

웅성거리는 취재진들에게서 시선을 돌려 소희와 마주 보았다.

"협회 회장으로서 대답해 줄게요. 히어로 김소희, 임무 수행 성공을 축하합니다. 곧 받을 멋진 히어로 네임을 기대하세요."

"어머, 어머, 어머! 꺅! 진짜요?! 너무 좋아! 너무 좋아요!"

소희가 팔짝팔짝 뛰며 좋아했다. 뒤쪽에 있던 여자 히어로들도 무슨 일인지는 모르겠지만 잘됐다며 같이 팔짝팔짝 뛰었다.

"취재는 끝난 거죠?"

"네? 아, 네."

"소희야 축하해!"

물론 나도 팔짝팔짝 같이 뛰었다.

#

히어로 협회의 새 회장 임명식.

"임명장 수여식이 있겠습니다. 히어로 협회 소속 캡틴 허니 번. 본명 남지영."

처음 입어 본 양복이 어색했지만 티를 내지 않고

당당하게 앞을 바라봤다,

"귀하를 제2대 히어로 협회 회장으로 임명합니다. 20XX년 X월 XX일. 히어로 협회 소속 간부, 직원 및 히어로 일동."

원래대로라면 전대 회장이 임명해 줘야 하는 건데 지금은 전대 회장이 공석인 상황이어서 협회에 소속되어 있는 모든 이들에게 동의를 구했다. 물론, 반대하는 놈은 없었다. 나에게 임명장을 건넨 사람은 최상위 랭커들을 관리하다 위염을 얻은 간부였다. 그분은 그 누구보다도 감격스럽다는 얼굴로 나를 바라보았다. 임명장을 받고 멋지게 인사를 한 후 뒤로 돌아 한 번 더 인사를 했다. 협회 강당을 빈자리 없이 꽉 채우고 있는 사람들을 향한 인사였다. 임명장을 받은 후, 회장이 된 소감과 앞으로의 포부를 말할 차례가 왔다. 단상에 오르니 맨 앞자리에서 박수와 환호를 보내고 있는 이들이 보였다. 소희를 비롯해 같이 싸워 준 여자 히어로들, 소희네 사장님이 앉아 있었다. 태현 씨와 연구진들도 함께였다. 소희의 매니저인 경숙 씨, 그리고 수빈 씨의 어머니도 환하게 웃으며 박수를 치고 있었다. 그들에게 웃어 보인 후, 이 자리를 위해 준비해 온 말을 꺼냈다.

"안녕하세요. 이번에 히어로 협회 2대 회장이 된 캡틴 허니 번, 남지영입니다. 정말 부끄러운 일이지만 이번 임명식은 협회 역사를 통틀어 그 어느 때보다도 불명예스러운 일이 일어난 탓에 진행하게 되었습니다."

(불끈) 삶의 무게

이 말을 한 후, 숨을 한 번 들이쉬며 좌중을 살펴보았다. 모두 내가 하는 말에 집중하는 듯 강당 안은 고요했다.

"그렇기에 이 임명식은 새로운 시대의 시작점이기도 합니다. 저는 이번 일을 통해 협회에서 일어나는 부당한 차별들을 많이 보게 되었습니다. 제가 회장이 된 후 제일 처음 해야 할 일은 이 차별을 없애는 것이라 생각합니다. 이 자리에서 공식적으로 사과를 드리고 싶습니다. 그동안 상처를 받아 온 여자 히어로분들께 정말 죄송하다는 말씀을 드립니다."

깊게 고개를 숙였다. 나에게도 잘못이 있었다. 나 또한 지금까지 은연 중 느끼고 있던 차별을 모르는 척해 왔으니까. 하지만 이제 그럴 일은 없다. 내가 모든 것을 바로잡을 것이다.

"저희 히어로 협회는 앞으로 모든 차별을 없애고 많은 히어로들에게 기회를 줄 것을 약속합니다. 특히 여자 히어로들을 대거 채용하여 협회가 수년째 앓고 있는 인력난을 해결할 것을 약속합니다. 부디, 저희를 믿고 지켜봐 주십시오. 감사합니다."

"잠시만요! 회장님!"

짧고 굵게 말하고 단상에서 내려오려는데 한 기자가 벌떡 일어나 큰 소리로 말했다.

"저, 질문은 나중에 받겠습니다."

사회자가 당황하며 말렸지만 그 기자는 아랑곳

하지 않고 외쳤다.

"전에 다이어트를 위해 히어로계에서 은퇴한다는 소문이 돌았는데 사실인가요?!"

호오, 갑자기 그런 질문을? 정말 뻔뻔하고 무례한 태도였지만 이런 자리에서 질문한 용기를 높이 사기로 했다.

"제 새로운 필살기 이름이 삶의 '무게'인데, 다이어트를 할 필요가 있나요?"

내 대답에 많은 사람들이 일어나 우레와 같은 박수와 환호를 보냈다. 내 몸이 지금처럼 자랑스러운 적이 없었다.

내가 단상에서 내려오자 임명식이 끝났다. 기념 사진들을 찍는 사이에 나를 응원해 주는 사람들이 다가왔다.

"지영 언니! 아니 회장님!"
"소희야! 아니 히어로 '해피 아이'!"

반짝반짝 새 히어로 코스튬을 입은 소희는 낯간지럽다며 꺄르르 웃었다. 소희의 히어로 네임은 내가 지었다. 마음을 볼 수 있는 눈과 해맑은 웃음에서 따온 네임이었다. 사실 네이밍 센스가 없어서 다른 이들에게 지어 달라고 했는데 소희가 나한테 받은 이름을 쓰고 싶다며 떼를 썼다. 정말, 저 고집을 누가 이겨.

"지영 씨! 아, 이젠 회장님이라고 불러야 할까요?"
"아니에요, 태현 씨. 임명식도 끝났는걸요 뭘. 이

(불끈) 삶의 무게

름으로 불러도 상관없어요."

"그래요! 지영 씨, 정말 축하드려요!"

"하하하! 고마워요!"

본인들 피부색에 가까운 흰색 연구복을 입은 능력 강화 연구 팀원들이 활짝 웃으며 나에게 꽃다발을 안겨 주었다. 이것 참. 이 사람들 이번엔 정말 순수한 마음으로 나 축하해 주는 거 맞겠지?

"아, 지영 씨! 이거 받으세요! 이것도 쓰시고요!"

축하한다며 꽃다발을 안겨 준 이들은 자연스럽게 내 머리에 고깔모자를 씌우고 케이크까지 넘겨 주었다. 어라, 뭐지 이 익숙함은? 물어볼 틈도 없이 내가 초대한 모든 사람들이 우르르 내 옆으로 모여들었다. 태현 씨는 품에서 카메라를 꺼내 들었다. 연구원 두 명이 맨 뒤로 가 들고 있던 플래카드를 펼쳤다.

"서, 설마."

불안함에 휙 뒤를 돌아보니 익숙한 글귀가 눈에 들어왔다.

[축! 캡틴 허니 번! 안전하게 110kg 돌파! 하!]

"이게 뭐야!"

"어쩔 수 없었어요, 지영 씨. 겨우겨우 10kg을 증량했는데 지영 씨가 임명식 때문에 너무 바빠서 보고서를 쓸 수가 없었잖아요."

"아니 그래도 이걸 여기서?! 이봐요!"

"자, 지영 씨. 찍을게요!"

도망치고 싶은데, 오른쪽에서는 소희가 왼쪽에서는 수빈 씨가 나를 가로막았다. 오, 잠시만. 이런 경우가 어디 있어?!

"하나, 둘!"

당장이라도 도망갈까? 아니야, 그러다가 사람들이 다치면 어떻게 해. 하지만 그래도! 아니야 안 돼!

이런 내 고뇌를 아는지 모르는지 태현 씨는 태평하게 숫자를 셌다. 어휴, 이제는 나도 모르겠다.

"셋!"

찰칵!

모두가 환하게 웃고 있을 사진 속, 이번에는 나도 같이 환하게 웃고 있을 것이 분명했다.

(불끈) 삶의 무게

에필로그

늦은 저녁. 남지영과 여자 히어로들이 모여 임명식 뒤풀이를 하고 있는 한 식당 안.

"준비."

한아영의 비장한 말에 테이블에 앉아 있던 여자 히어로들이 긴장한 표정으로 눈앞의 우동 그릇을 바라봤다.

"시작!"

외침과 동시에 박희진과 강예지가 우동을 먹기 시작했다. 우동이 뜨거운 듯 후후 불며 먹는 강예지가 답답했는지 옆에서 응원하던 서가은이 소리쳤다.

"강예지, 불 틈이 어디 있어! 빨리 먹어!"

"희진 언니, 파이팅."

최수빈의 조그만 응원에 화답하듯 박희진이 우동 그릇을 두 손으로 들고 흡입하더니 이내 텅 빈 그릇을 흔들었다.

"다 먹었어요."

에필로그

"머~?! 마도 아 대! 어더게 나오자마자 다머거요
~?!(뭐~?! 말도 안 돼! 어떻게 나오자마자 다 먹어
요~?!)"

"으, 더러워. 강예지 입에 있는 거 다 씹고 말해!"

"아야~!"

맞은편에서 우동을 먹던 강예지가 면발을 튀기
며 경악하자 서가은이 강예지의 등을 때리며 질색
했다. 박희진은 우동 그릇을 머리에 뒤집어쓴 채 헤
실헤실 웃었고, 옆에 있던 최수빈이 두루마리 휴지
를 뜯어 와 우승자 휘장이라며 박희진의 어깨에 둘
러 주었다. 한아영이 핸드폰으로 영상을 찍으며 호
탕하게 웃었다. 거의들 얼큰하게 술에 취한 상태였
다. 술이 세서 정신이 멀쩡한 남지영은 얼떨떨한 표
정으로 머리를 긁적였다.

"지금 뭐 하는 거야?"

"다음 히어로 네임을 가질 사람을 정하는 거예
요! 모두 저처럼 '해피 아이' 같이 멋진 히어로 네
임을 가지길 원하는 거죠!"

유일한 미성년자로서 음료수만 홀짝이던 김소희
가 자랑하듯 말했다. 남지영은 김소희의 말에 잠시
고민했다. 설마 저 사람들의 히어로 네임까지 내가
정해 줘야 하는 건 아니겠지? 남지영의 고민을 아
는지 모르는지 박희진이 콧노래를 부르며 가방에
서 립스틱을 꺼냈다.

"우승자~ 다음 히어로 네임은 내 거~"

습관적으로 화장을 고치려던 박희진은 잠시 멈

칫하더니 이내 립스틱을 바닥에 휙 던졌다.

"희진 언니, 많이 취했어요? 자, 여기요!"

김소희가 바닥에 떨어진 립스틱을 주워서 박희진에게 내밀었다. 박희진은 그 립스틱을 빤히 바라보다가 헤실 웃었다.

"나 이제 화장 안 해."

"네?"

"나 이제 연예계 활동 안 하고 히어로 활동만 할 거야. 그러니까 이 지긋지긋한 화장 안 해도 돼!"

"… 네?"

박희진의 파격 선언에 다들 눈을 동그랗게 뜨고 그녀를 바라보았다. 아플 때든 슬플 때든 완벽하게 치장한 모습만 보여 주었던 박희진이기에 그 충격이 더 컸다. 이윽고 서가은이 가만히 입을 열었다.

"나도 안 해. 애초에 난 이번 사건 아니었으면 히어로로 은퇴할 생각이었어."

서가은이 자신의 가방에서 파우치를 꺼내 쓰레기통에 휙 버렸다.

아역 배우로 데뷔해서 오랫동안 연예계 활동을 했던 박희진, 이미지와 성격의 차이 때문에 악플을 받아 왔던 서가은이 홀가분한 표정으로 웃었다. 그런 그녀들을 바라보던 한아영이 고개를 끄덕였다.

"그래, 언니들은 좀 안 할 필요가 있어. 나야 애초에 하고 싶을 때만 했으니까 상관없는데. 언니들은 맨 얼굴 보여주는 게 무섭다면서 화장 안 하면

에필로그

마스크를 못 벗었잖아. 한여름에도 쓰고 왔길래 난 바람이 통하는 초능력 마스크라도 생긴 줄 알 았다니까? 근데 일반 마스크라고 해서 진짜 놀랐 어."

"저도 필요할 때만 화장하는 편이어서 잘 모르겠 지만… 뭐든 자기 편한 대로 하는 게 최고죠."

한아영과 최수빈의 말에 김소희가 박수를 치며 말했다.

"와, 다들 대단해요. 전 화장을 안 하고 밖에 나가 는 건 상상할 수도 없는데!"

강예지가 슬그머니 휴지통에서 서가은의 파우치 를 집어 들었다.

"나도~ 난 화장하고 꾸미는 게 좋아~ 예뻐지면 기분 좋고 뿌듯하잖아~."

"잠깐, 강예지. 동작 그만."

"아, 언니~! 어차피 버릴 거면 그냥 나 줘요~"

왁자지껄한 그녀들의 모습에 김소희가 꺄르르 웃 었다. 남지영 역시 그녀들을 바라보며 방긋 웃었다.

"그래, 화장을 하든 말든 그게 뭐 중요하겠어요. 히어로 활동 시작하면 씻느냐 마느냐로 고민하 게 될 텐데."

그곳에 있던 모든 여자 히어로들이 경악하는 가 운데 남지영은 악의 없이 환하게 웃었다.

작가의 말

이 이야기를 처음 머릿속에 떠올렸을 때는,

'아. 이렇게 이야기를 생각하면 뭐 해. 이걸 내 머리 밖으로 끄집어내야 하는데.' 이런 고민을 했습니다. 그런데 어느덧 이야기를 끄집어내다 못해, 후기까지 작성하게 되었네요. 아직도 얼떨떨합니다.

원래 《잘 먹고 잘 싸운다, 캡틴 허니 번》은 웹툰으로 기획했던 이야기입니다. 스토리 로그 라인을 생각하던 중 '살이 찔수록 강해지는 히어로는 어느 날 다이어트를 결심한다.' 라는 문장이 떠올랐고, 제가 생각해도 좀 괜찮은 것 같아서 바로 작업에 들어갔죠. 하지만 히어로물을 그리는 건 생각보다 힘든 일이더라고요. 액션도 그리기 어렵고, 캐릭터 디자인도 어렵고. 결국 이 로그 라인은 나중에 써야겠다 생각하고 제 머릿속 서랍 안에 잘 모셔 두었습니다.

그렇게 2년 정도가 지나고 저에게 소설을 쓸 기회가 왔습니다. '웹툰으로 못 그릴 거라면 글로 써 볼까?' 하고 서랍 속에 묵혀 두었던 이 로그 라인을 꺼냈죠. 하지만 자신이 없었어요. 한 번 포기한 이야기를 어떻게 다시 이어 가나 싶었거든요. 그때 막막했던 저를 도와주신 분들이 있었습니다. 하나의 문장에 불과했던 이 로그 라인의 길을 정해 주시고 끝까지 이끌어 주신 홍석인 교수님, 완성된 이야기를 한층 더 성장시켜 주신 안전가옥 신 프로듀서님. 두 분 덕에 무사히 완결까지 도달한 것 같습니다. 정말 감사드려요.

다이어트는 정말 지겨운 일이에요. 적어도 저한테는 그래요. 벗어나고 싶지만 벗어나기 너무 힘들거든요. 이 소설을 쓸 때만 해도 '다이어트 따위 집어치워! 다이어트 같은 건 다 없어져야 해!' 이런 생각을 하고 있었는데, 요즘엔 '아, 그래도 살을 좀 빼야 하나.' 이런 생각이 다시 슬금슬금 올라오고 있답니다. 한 번이라도 다이어트에 도전해 보신 분들이라면 제 마음을 이해하지 않을까 싶어요.

'난 왜 이렇게 의지가 없는 거지. 내가 태생적으로 날씬한 사람이었다면 얼마나 좋았을까.' 이런 자책을 많이 했어요. 내 몸이 싫었고, 나한테 살 좀 빼라고 압박을 주던 주위 사람들도 싫었거든요. 이런 압박은 제가 성인이 되고 나서 많이 사라졌지만, 그때의 기억은 아직도 제 자존감을 많이 갉아먹고 있습니다.

'만약 내가 다이어트를 할 필요가 없는 사람이었다면 어땠을까? 몸무게와 관련한 무슨 초능력이 있어서 살을 빼면 안 되는 거야.' 자존감이 많이 떨어졌을 때, 이런 생각을 했어요. 이게 바로 《잘 먹고 잘 싸운다, 캡틴 허니 번》의 시작이에요.

소설을 쓰고, 주인공 지영이에게 이입을 하면서 '나도 지영이처럼 나에 대한 확고한 믿음이 있었으면. 그래서 살 좀 빼라는 사람들의 말에 흔들리지 않았으면.' 하고 바랐어요. 그리고 소설을 완결한 지금은, 지영이 같은 사람이 되기 위해 노력하고 있답니다.

　이 소설을 기획하고 쓰는 동안 정말 많은 고민과 생각이 교차했어요. 만약 여러분 중 자신의 몸을 싫어하고, 다이어트 때문에 스트레스를 받는 분이 계신다면, 그래서 저랑 같은 생각을 하신 분들이 있다면, 부디 이 소설이 그분들께 작은 즐거움과 위로를 선사했으면 좋겠습니다.

작가의 말

프로듀서의
말

작년 겨울, 《잘 먹고 잘 싸운다, 캡틴 허니 번》 초고를 받았습니다. 유쾌하고 리듬감 넘치는 문장들로 채워진, 굳이 장르로 구분하자면 '슈퍼 히어로 코미디'에 가까운 이야기였죠. 간단히 요약하자면 이런 내용이었습니다.

몸무게가 늘어날수록 능력이 강해지는 주인공. '어떠한 이유'로 다이어트를 결심하지만, 쉽지 않다.

이 이야기가 제게 매력적으로 다가온 이유는, 주인공이 다이어트를 결심하게 되는 '어떠한 이유'에 대해 세상에 이야기하고 싶었기 때문입니다. 그것에 대해 이야기하는 것이, 곧 지금 여기 우리의 아픔에 대해 이야기하는 것과 같을 수 있다고 믿었기 때문입니다.

(갑작스러운 자기 고백을 용서하세요.) 저는 뚱뚱한 사람입니다. 성장기에 들어선 이후 한 번도 날씬해 본 적이 없어요. 오랜 시간 주변으로부터 다이어트를 권유(라 쓰고 강요라 부르는)받았죠. 이유는 다양했습니다. 그러다 장가 못 간다, 나이 들어 고생한다, 일찍 죽는다. 아니 사람이 살다 보면 장가 못 갈 수도 있고 나이 들어 고생할 수도 있고(지금도 고생하는데!) 일찍 죽을 수도 있죠. 날씬한 사람이라고 다들 장가가고 나이 들어 편안하고 장수하지는 않을 거 아니에요.

하지만 우리의 주인공, '캡틴 허니 번' 남지영은 건강합니다. 100kg을 안전하게 돌파한 것을 히어로 연구소의 직원들이 축하해 줄 정도죠. 그녀는 건강하고, 심지어 몸무게로 인해 자신의 직업에서도 최고 수준의 성과를 인정받고 있다고요. 남지영, 슈퍼 히어로, 랭킹 1위. 랭킹 2위와의 격차는 '넘사벽' 수준이고, 빌런들은 그녀 앞에서 힘 한 번 제대로 써 보지 못하고 박살이 납니다. 그녀의 몸무게는 곧 그녀의 '전투력 수치'를 상징하죠. 그런 그녀에게,

도대체 누가, 왜, '다이어트'를 강요하는 걸까요?

꼭 슈퍼히어로 장르의 팬이 아니더라도, 이쯤 되면 어떠한 음모를 상상할 수밖에 없을 겁니다. 누군가 우리의 주인공을 끌어내리려 하고 있죠. 그녀의 능력이 이 사회에서 자유롭게 발휘되어 인정받는 것을 마땅치 않게 여기는 거예요. 감히 여자애 주제에, 그것도 뚱뚱한 여자애 주제에…. (험한 말을 길게 썼다 지웠습니다.)

남지영의 세상에서도, 우리의 세상에서도, '다이어트'란 단순히 살을 빼고 건강한 몸을 만드는 일이 아니게 된 지 오래인 듯합니다. 특히나 여성들에게는 더욱 그렇죠. 비단 다이어트뿐인가요? 능력과 관계없이 여성의 외모나 태도를 지적하고, 결국엔 스스로 포기할 것을 종용하는 부정한 시도들은 멈출 줄을 모릅니다. 히어로 랭킹 1위인 남지영에게 능력을 포기하고 다이어트를 하라고 강요하는 세상과, 원피스에 운동화를 신고 출근한 여성 국회의원에게 차마 입에 담을 수 없는 성적 희롱의 말들을 쏟아 내는 세상. 글쎄요, 저는 그 차이를 잘 모르겠습니다.

작가와 함께 많은 이야기를 나누었습니다. 그리고 보다 더 적극적인 '승리의 서사'를 만들기로 합의했습니다. 여성을 가로막는 유리 천장, 여성에 대한 가스라이팅에 저항하고 대적하는 이야기를 만들고자 했습니다. 주인공에게 동료를 만들어 주고, 그들이 서로 공감하고 연대하며 성장하는 이야기를 만들고자 했습니다. 이를 위해 슈퍼히어로 장르의 규칙을 더욱 적극적으로 이용했습니다.

작업 과정은 대체로 즐거웠습니다. 힘들었던 점이 있다면, 프로듀서인 저 스스로가 대한민국 30대 남성의 정체성을 가졌다는 것뿐이었습니다. 작가님께서 '이 이야기는 일정 부분 자전적인 이야기'라는 고백 아닌 고백을 하셨을 때, 어떤 대답을 해야 할지 몰라 숨을 삼켜야 했습니다. 안전가옥의 다른 훌륭한 여성 프로듀서님께 이 작업을 넘기는 것이 옳지 않나 자주 고민했습니다. 이 고민은 책의 출간을 앞둔 지금도 유

프로듀서의 말

효합니다. 혹시라도 이야기의 어떤 부분이 세심하지 못함을 발견하셨다면, 그것은 당사자의 처지와 거리가 멂에도 불구하고 끝까지 이 작품의 프로듀서를 자처했던 제 탓일 가능성이 큽니다.

《잘 먹고 잘 싸운다, 캡틴 허니 번》은 김여울 작가의 첫 소설입니다. 지금까지는 주로 웹툰을 공부하고 만들어 온 분이죠. 그래서일까요, 그의 문장에는 독특한 리듬이 있습니다. 장르 소설과 웹툰, 그리고 웹소설 사이 어딘가에서 춤을 추는 것 같죠. 처음에는 조금 낯설어 쭈뼛거리실지도 모르겠습니다. 하지만 짧고 거침없는 문장들과 때로는 심장에서 손끝으로 바로 쏘는 것 같은 단어들에 몸을 맡기시다 보면, 분명 춤을 추는 기분으로 그가 만든 세계를 구경하실 수 있을 거예요.

이혜정 편집자님, 금종각 이지현 디자이너님, 그리고 안전가옥 운영 멤버들 – 뤽, 클레어, 테오, 쿤, 헤이든, 모, 레미, 시에나 – 모두 감사드립니다. 특히 제가 안전가옥을 떠난 후《잘 먹고 잘 싸운다, 캡틴 허니 번》의 마무리 단계를 프로듀싱해 주신 헤이든께 깊은 감사를 드립니다. 부족할 뿐 아니라 세대 차이마저 크게 나는 프로듀서에게 밀레니얼의 세계를 소개해 주신 김여울 작가님께, 가장 커다란 감사의 인사를 전합니다.

전(前) 안전가옥 스토리 PD
김신 드림

잘 먹고 잘 싸운다, 캡틴 허니 번

지은이	김여울
펴낸이	김홍익
펴낸곳	안전가옥

기획	안전가옥
콘텐츠 총괄	이지향
프로듀서	김신 · 이은진
	김보희 · 신지민 · 반소현 · 윤성훈
	임미나 · 정지원 · 조우리 · 황찬주
퍼블리싱	박혜신 · 이범학 · 임수빈
편집	이혜정
디자인	금종각
경영전략	나현호
서비스 디자인	김보영
비즈니스	이기훈 · 임이랑
경영지원	홍연화

출판등록	제2018-000005호
주소	04779 서울특별시 성동구 뚝섬로1나길 5, 헤이그라운드 성수 시작점 201호
대표전화	(02) 461-0601
전자우편	marketing@safehouse.kr
홈페이지	safehouse.kr

ISBN	979-11-91193-01-5
초판 1쇄	2020년 12월 7일 발행
초판 2쇄	2022년 5월 30일 발행